PARSNIPS AND OWLS 2

More short stories in Welsh based on Duolingo's 'Stories'

Doctor Cymraeg
Gorau Dysgu Cyd Ddysgu

STEPHEN OWEN RULE

Argraffiad llyfr / e-lyfr cyntaf: Tachwedd 2022

ISBN: 9798362310783

Dylunaid y clawr gan Stephen Rule

First paperback / e-book edition: November 2022

ISBN: 9798362310783

Cover design by Stephen Rule

FOREWORD

Had you told me that the first iteration of *Parsnips and Owls* would've sold nearly a thousand copies in three months, I'd have written it years ago. There was no part of my being that could've predicted how well the book would do, nor even begin to comprehend and appreciate the wonderful words of thanks and encouragement I've received since its release. To all who bought that first book, diolch yn fawr iawn.

Within days of getting their hands on it, I was inundated with people wondering when the next one was coming out. At first, I was still getting my head around the storm of amazing feedback I'd received and, as such, writing another book on the same format was nowhere near the top of my to-do list.

As time has progressed – and as the pleas for more *Parsnips and Owls* has intensified – I have taken to producing this new version with the hope that it, just like its older sibling, will act as somewhat of a bridge between using Duolingo alone and using Welsh in the wild with others.

If you're buying this book without having purchased the first, don't worry. Yes, I've tried to encourage more natural acquisition of language in this sequel by providing less explanations of – what I deem to be – *simpler* language, but what's language learning if not a challenge? I'll be the last person to implore you to go and buy the first book, but, if you're relatively new to Welsh, I must admit you might find that one a tad more welcoming and easier to navigate.

Some of the most heart-warming feedback I've received from the first book was that the additional explanatory notes were really useful. Diolch once again, by the way. However, in our quest to better ourselves and our proficiency in Cymraeg, I've decided to do fewer this time around. I've especially declined to go into as much detail with certain words, phrases, or grammatical intricacies which I've already covered in the first book. Obviously, I've also aimed for the language herein to be more challenging. With less explanations, the reader is encouraged to forge understanding themselves... and possibly reach for a Welsh-English dictionary where absolutely necessary, of course.

This version of *Parsnips and Owls* – much like the previous – follows much the same structure and layout as before. I've tweaked a few things here and there owing to some gratefully received feedback from users, but those with experience using the first book should be well-versed in this one. I explain the layout more clearly on the next page.

Keep the feedback coming, but, more importantly, keep exposing yourself to this incredible language.

Mwynhewch! | *Enjoy*!

LAYOUT

Reproducing both the aesthetic and the success of Duolingo's Stories in written form was obviously going to take more effort than simply discovering and using the appropriate font!

It's the interactive nature of Duolingo that has rendered the 'sit down with a language book', traditional method of acquisition largely redundant in our modern, digital world. It was never going to be an easy task to offer the same efficiency that is gained from the app itself when rendered in a written-down format.

As you'll find, I've done my best to offer a table after each story that can be filled in by the user to reinforce the learning of new vocabulary, which is the best way I could find to replicate Duolingo's similar task offered at the end of each of its stories.

I have used a footnote system of numbering difficult or interesting terms and phrases in each Story to explain them, doing its best to mirror the ability for users of the app to hover over or tap any word to unveil its meaning.

Finally, one of the most wonderful parts of Duolingo Stories – actually reading the texts out loud – simply cannot be done in written form. For this, I can only offer the reader the advice that speaking the words to yourself – howsoever confident or otherwise you are – will definitely go a long way in aiding your Welsh proficiency.

Left-hand side of page	Right-hand side of page
Story based on Duolingo Stories. Some extend over to the next page. This is denoted by: ⇨	5 terms for the user to translate into Welsh using the Story itself and/or with a Welsh-English dictionary, etc. Footnotes for important and/or intriguing parts of the Story itself.

There is also a comprehension section for each Story at the back of the book. Advice on how to use it effectively can be found prior to the section. Note that the comprehension section attempts to use more 'standardised' Welsh than in the Stories themselves; for example, the comprehension section will prefer 'nac ydy' (*no, he/she/it isn't/doesn't*) over 'na'di' (which can be found in the Stories).

RHESTR STRAEON | *List of Stories*	
1	Y Dyddiadur | The Diary
2	Blodau Siôn | Siôn's Flowers
3	Wastad yn Hwyr | Always Late
4	Diwrnod o'r Gwaith | Day Off
5	Pen-blwydd Mabon | Mabon's Birthday
6	Be' ydy dy Enw di? | What's Your Name?
7	Sgwrs Ddiddorol | An Interesting Conversation
8	Dydy Hwnna Ddim i Blant! | That's Not For Kids!
9	Mae'n Rhy Beryglus | It's Too Dangerous
10	Tynnu Lluniau yn y Parc | Drawing in the Park
11	Gwaith Cartref | Homework
12	Noson Bitsa | Pizza Night
13	Y Gêm Fawr | The Big Game
14	Brecwast | Breakfast
15	Sbïa ar fy Llun | Look at my Painting
16	Yn y Tacsi | In the Taxi
17	Mae'n Argyfwng! | It's an Emergency!
18	Llythyr Cariad | Love Letter
19	Planhigion Alun | Alun's Plants
20	Y Gacen | The Cake
21	Y Dyrchafiad | The Promotion
22	Cyn-gariad Fi! | My Ex!
23	Y Gân | The Song
24	Anfona E-bost | Send an E-mail

Y STRAEON

The Stories

Y DYDDIADUR

Mae Sioned ac Anwen yn yr ysgol uwchradd.

Sioned Anwen, mae'n ofnadwy!
Dw i methu ffeindio dyddiadur fi[1]!

Anwen A?

Sioned Dw i 'di sgwennu am Llŷr ynddo[2]!

Anwen Llŷr? Yr hogyn[3] yn dy ddosbarth di?

Sioned Ie! Dw i angen ffeindio'r dyddiadur 'na!

Anwen Iawn...

Maen nhw'n edrych yn yr ystafell ddosbarth.

Anwen Sori, dydy o ddim yma.

Sioned Dydy o ddim yn ddiwrnod da i fi.

it isn't your day

Mae Llŷr yn cyrraedd. Mae gynno fo ddyddiadur pinc yn ei law.

Sioned O, na! Dyna Llŷr!

Llŷr Iawn, Sioned?
Dy ddyddiadur di ydy hwn?

Sioned Yrm... na'di!

Anwen Ond mae dy enw di arno.

Sioned Iawn. Ydy, ond...

Llŷr Dw i methu darllen dy 'sgrifen[4].
Mae'n rhy ddrwg.

Sioned O... Gwych!

Methu - can't

Llŷr **T'isio dod i weld ffilm efo fi ar nos Wener?**

Sioned **Waw! Oes!**

Llŷr **Gwych! Wela' i di ar nos Wener!**

Sioned **Anwen, mae'n ddiwrnod bendigedig heddiw!**

high school	ysgol uwchradd
to find	ffeindio
a pink diary	dyddiadur pinc
on it/him	gynno fe
too bad	rhy ddrwg

1. Something I was all too happy to disclose in Parsnips and Owls was how, instead of using **fy** (= *my*) (and hence needing a nasal mutation), the youngsters now place **fi** (= *[of] me*) after the nouns that belong to them; in this instance, **fy nyddiadur (i)** has become **dyddiadur fi**.
2. As with most prepositions, **yn** (= *in*) can also become 'personalised.' **Ynddo** is **yn** + **fo/fe** (= *in* + *it*).
3. **Hogyn** is to **bachgen** (= *a boy*) as **hogan** is to **merch** (= *a girl*). More common in northern dialects, I remember hearing these for the first time and thinking that it was harsh to liken children to pigs! Keep an ear out for these.
4. The word **[y]sgrifen** (= *[hand]writing*) clearly derives from **ysgrifennu** (= *to write*), itself sharing an etymological root with '*scribe*' and '*scribble*' in English and '***scríobh***' in Irish.

BLODAU SIÔN

Mae Siôn yn yr ardd.
Mae o'n gweld Owen, ei gydweithiwr[1].

Siôn Owen! Pam ti'n gwisgo crys heddiw?

Owen Mae gen i ddêt, ond dw i'n hwyr!

Siôn Hmm.
'Sgen ti siocledi neu flodau am dy ddêt?

Owen Nag oes, ac dw i'n hwyr!

Siôn Gei di ambell[2] i flodyn o fy ngardd!

Mae Siôn yn cael blodau i Owen.

Owen Dw i methu[3] cymryd y blodau 'ma.

Siôn Wyt ti'n licio'r person 'ma?

Owen Yndw, mae hi'n ddoniol iawn.

Siôn Cym'[4] y blodau, felly!

Owen Siôn, dw i ddim isio'r blodau 'ma!

Siôn Pam?

Mae Owen yn tisian.

Siôn Owen, ti'n iawn?

Owen Na'dw, mae gen i alergedd i flodau!

Siôn O, na. Mae gen ti drwyn a llygaid coch.

Owen Dw i'm yn teimlo'n dda iawn...

Siôn Mwynha dy noson, Owen!

ambell - a few

in the garden	yn yr ardd
I'm late	dw i'n hwyr
these flowers	y blodau'ma
to sneeze	tisian
your night	dy noson

1. The word **cydweithiwr** is built from **cyd-** (= *joint, co-*), **gweithio** (= *to work*), and **–(i)wr** (which is the masculine ending used equating to *-er* in English; for example, **dysgwr** = *a [male] learner*). Altogether this yields *'co-worker'* as an English translation for **cydweithiwr**. As the **-wr** ending comes from **gŵr** (= *a man, a husband*), we can use **-wraig** for the female version, and **-wyr** for the plural version; **cydweithwraig** (= *a [female] worker*) and **cydweithwyr**
(= *co-workers*).
2. **Ambell** means *'a few'*. Although there are a *few* – get it? – terms for *'a few'* in Welsh, **ambell** pops up a lot and is commonly followed by the preposition **'i'**. **Ambell waith** means *'occasionally'* or *'sometimes.'*
3. **Methu** was one I mentioned in the first Parsnips and Owls book. Translating literally as *'to fail,'* it's now commonly used to express *'cannot,'* with southern speakers also using **ffili** or **ffaelu** (from English, *to fail*).
4. **Cym'** is the shorter (and more common) version of **cymer(a)** – the imperative/command form for **cymryd** (= *to take*). The formal/plural version is **cymerwch**.

WASTAD[1] YN HWYR

Mae Megan ac Alys yn gwylio'r teledu.

Alys Megan, mae'n hanner 'di chwech!

Megan O, na! Mae parti pen-blwydd Gwen
mewn hanner awr!
Dw i methu bod yn hwyr!

Mae Megan yn rhedeg i ddal y bws.

Mae hi'n gweld y bws yn gadael.

Megan Naaa! Dyna oedd bws fi!
Ych, rhaid i fi gymryd tacsi 'nawr.

**Mae Megan yn estyn[2] ei ffôn,
ond dydy o'm[3] yn gweithio.**

Megan O, na! Mae'r batri 'di marw!

**Mae Megan yn rhedeg er mwyn
cyrraedd y parti yn y bwyty.**

Mae hi'n gweld Gwen.

Megan Gwen! Sori mod i'n hwyr!
Ond, lle mae dy ffrindiau di i gyd?
Mae'n saith o'r gloch.

Gwen Mae dy wahoddiad[2] di ar gyfer saith o'r
gloch achos rwyt ti wastad[1] yn hwyr.
Mae fy mharti i am wyth o'r gloch.

half past six	hanner wedi chwech
can't be late	methu bod yn hwyr
that was	dyna oedd
[has] died	wedi marw
sorry I'm late	sori bod i'n hwyr

1. **Wastad** means *always*... but it can also be an adjective meaning *'flat'*. When being used to express *always*, it'll often need an **yn** after it, unless it comes at the end of a clause, in which case it'll need an **yn** before it; **mae hi wastad yn hwyr** = *she's always late* vs **mae hi'n hwyr yn wastad[ol]**. **Trwy'r amser** is another term used in similar circumstances, but I'd argue it translating more as *'all the time.'* **Bob amser** or **bob tro** mean *'every time.'*
2. Striking fear into teachers as being the name of the Welsh government's education inspectorate, **estyn** actually equates to *'to extend,'* or *'to advance.'* In some dialects, it also means *'to reach [for].'*
3. **Dydy o'm yn** is yet another contracted form that appears quite a bit in Welsh. It's formed from **dydy o ddim yn** (= *it/he isn't/doesn't*). You may also see/hear **dio'm yn** too, which is an ever-shorter contraction. In southern dialects, **'smo fe'n** might also pop up.
4. You may be aware that **gwahodd** means *'to invite.'* **[Person] gwadd** is one way of expressing *an invitee*, and **gwahoddiad** is your noun, *an invitation*.

DIWRNOD I FFWRDD[1]

Mae Siôn yn paratoi[2] paned yn y gegin. Mae'i wraig, Gwen, yn cyrraedd yr ystafell.

Gwen Helô, Siôn!

Siôn Gwen? Pam ti adre'?
Mae'n ddydd Mawrth.

Gwen Dw i'm yn gweithio heddiw.
Mae gen i ddiwrnod i ffwrdd o'r gwaith!
Dw i'n mynd i 'neud llwyth[3] o bethau.
Dw i'n gyffrous iawn!

Mae Gwen yn mynd i'r parc.

Wedyn, mae hi'n mynd i'r amgueddfa.

Mae Gwen yn cyrraedd adre' cyn mynd i ddarllen yn yr ardd.

Siôn Ti'n iawn, cariad? Ti'n cael diwrnod da?

Gwen Yndw. Dw i'n mynd i baratoi[2] cinio rŵan.

Siôn Cinio? Ond mae'n dri o'r gloch...

Gwen 'Mond tri o'r gloch? Mae'n gynnar!
Be' dw i'n mynd i 'neud rŵan?

Siôn Ti'n ista lawr ac ymlacio!

Mae Gwen yn eistedd am bum[4] munud.

Gwen Dydy hyn ddim yn hwyl...
Dw i'n mynd i'r gwaith.

preparing a brew	paratoi paned
[a] day off	diwrnod i ffwrdd
I'm excited	dw i'n gyffrous
to read	darllen
to sit down	eistedd

1. **I ffwrdd** is the term for '*away,*' but in this case it suggests '*off*'. You'll see it in phrases like "**dw i'n mynd i ffwrdd ar wyliau 'fory**" (= *I'm going away on holiday tomorrow*). In southern dialects, the term '**bant**' is a common equivalent.
2. **Paratoi** is the verbal noun, '*to prepare.*' Derivations of this word include **paratoad(au)** (= *preparation(s)*), and **paratoadol** (= *preparatory*).
3. **Llwyth [o]** literally translates as '*a load [of].*' It's used amidst a plethora of phrases to suggest a large amount of something, with the most popular being '**llawer [o]**.'
4. Aside from the fact I simply *had* to draw attention to the word '**bum**' – which, for non-Welsh readers, is the word we use for '*a butt*' – there's some cool grammatical notes to be made here. First off, the reason we're seeing a soft mutation here is because it's preceded by the preposition '**m** (= *at [a time], about, for*). The majority of prepositions in Welsh cause soft mutations. Although you could say "**pump munud**" and no Welsh speaker would bat an eyelid, we can all agree that '**pum munud**' rolls off the tongue much more easily than the former. In case you're interested, **pen ôl** is '*bum/butt*' in Welsh. **Tin** (pronounced as English 'teen') means '*arse.*'

PEN-BLWYDD MABON

Mae Owen yn cysgu ac mae Mabon yn cyrraedd[1] ei ystafell.

Mabon Dadi! Dadi!

Owen Be'? Aaa, helô Mabon.

Mabon Dadi, mae parti pen-blwydd fi'n mynd i fod yn wych!

Owen Wrth gwrs. Yrm, pen-blwydd hapus?! A be' t'isio 'neud ar gyfer dy barti pen-blwydd?

Mabon Dw i'm yn siŵr!
Ond dw i isio siocled!
Llawer o siocled!

Owen Iawn, Mabon.
Mae'n ben-blwydd arnat ti[2].

Mabon A gawn ni[3] 'neud cacen fawr, Dadi?

Owen Wrth gwrs, Mabon!

Mabon Gwych. A 'swn i'n licio gwahodd ffrindiau fi i gyd!

Owen Iawn, siŵr.
Rhaid i ti wahodd pob un o dy ffrindiau.
Erbyn pryd t'isio nhw gyrraedd[1] am y parti?

Mae Owen yn edrych ar ei ffôn.

Owen Ond Mabon... mae'n fis Ionawr!
Dydy dy ben-blwydd ddim tan[4] mis Ebrill!

Mabon Yndi, dw i'n gw'bod!
Mae'n mynd i fod yn wych!
Ond, ga' i bach o siocled beth bynnag?

Owen Iawn!

going to be	mynd i fod
of course	wrth gwrs
I'm not sure	dw i'm yn siwr
every one of	pob un o
anyway	beth bynnag

1. **Cyrraedd** means '*to reach*' or '*to arrive*.' The same word can be used to express '*to reach [for]*' something, for example from a cupboard. The stem swaps out the second '**r**' for a '**h**', yielding terms such as **cyrhaeddon ni** (= *we arrived*), **gyrhaeddodd hi mewn amser?** (= *did she arrive in time?*), and **mi gyrhaedda' i erbyn heno** (= *I'll get there by tonight*).
2. To learners, the construction '**pen-blwydd arnat ti**' seems a bit awkward. In Welsh, however, we say that a *birthday* is *on* someone. Rather than just saying '*it's his birthday,*' for example, we'd say '**mae'n ben-blwydd arno**' (literally, *it's a birthday on him*).
3. **Gawn ni** is a common way of expressing '*let's,*' although it translates literally as '*we may*' or '*we're allowed to.*'
4. You don't get a **tan** *until* you sunbathe. Get it? **Tan** = *until*.

BE' YDY DY ENW DI?

Mae Anwen a Sioned mewn parti.

Sioned Am barti gwych! Dw i isio dawnsio!

Anwen Dw i ddim yn licio dawnsio.

Sioned Hei! Pwy ydy hwnnw[1]?
Mae o'n bishyn[2]!

Anwen Mae o yn dosbarth fi.
Hwn[1] ydy parti o.

Sioned Be' ydy ei enw o?

Anwen Bedwyr? Llŷr? Dw i ddim yn gw'bod.

Sioned Hei! Ti'n iawn? Ie, ti!

Anwen Sioned! Be' ti'n 'neud?
Mae o'n dod i siarad efo ni rŵan!

Sioned Gwych!

Anwen Dydy hwnna ddim yn wych o gwbl!
Dw i ddim yn cofio enw o.

Sioned Gareth ydy o?

Anwen Na'di...

Sioned Tomi? Rhys? Hari?

Anwen Na, Sioned! Dw i'm yn cofio!

Sioned Sbïa! Mae o bron[3] yma!

Anwen O, na!

Hogyn Ti'n iawn, Anwen?

Anwen Iawn, diolch...

Hogyn **Ti'n barod am y prawf 'fory?**
Anwen **Wrth gwrs...**
Mae o'n edrych ar Sioned.
Mae Sioned yn edrych ar Anwen.
Dydy Anwen ddim yn d'eud gair.
Sioned **S'mai. Sioned 'dw i!**
Hogyn **Neis cwrdd efo ti, Sioned.**
Sioned **Be' ydy dy enw di?**
Dydy Anwen ddim yn cofio.
Anwen **Sioneeed!**

he's cute	mae o'n bishyn
he's coming	o'n dod
the test	y prawf
say(s) a word	dwend gair
to meet with you	cwrdd efo ti

1. Check these out! **Hwn** (= *this [one] [masc.]*), **hon** (= *this [one] [fem.]*), **hwnnw** (= *that [one] [masc.]*), **honno** (= *that [one] [fem.]*). As an added extra, **hyn** means '*these [ones]*' and '**hynny**' means '*those [ones]*.'
2. **Pishyn** derives from the English word, '*piece*.' In Welsh we have terms like '**darn**' for '*(a) piece*' or '*(a) part*,' but you'll hear it in phrases such as '**ga' i bishyn o gacen?** (= *may I have a piece of cake?*) and, as in this case, '**mae hwnnw'n bishyn!**' (= *he's a piece [i.e., cute/handsome!*).
3. **Bron** can mean '*a small hillock*,' '*almost*,' and/or '*boob*.'

SGWRS DDIDDOROL

Mae Ffion mewn parc, ar fainc.

Gareth	Helô! Oes 'na rywun yn ista 'ma?
Ffion	Nag oes. Dw i'n aros am fy ffrind ond mae hi'n hwyr. Mae hi'n dod efo'i chariad.
Gareth	Dw i'n gweld.
Ffion	Dw i mor[1] gyffrous i'w gyfarfod[2]! Mae hi'n ei garu o gymaint[3].
Gareth	Ydy hi?
Ffion	Mae hi'n mynd i ofyn iddo fo phriodi[4] hi... penwsos 'ma!
Gareth	Wir?
Ffion	Yndi, mae mor[1] ramantus! Dyma hi'n dod rŵan! Hei, Elen!
Elen	S'mai, Ffion. Gwych! Ti wedi cyfarfod[2] Gareth.
Ffion	Pwy?
Elen	Cariad fi, Gareth.
Ffion	O, na!
Gareth	Braf dy gyfarfod[2] di, Ffion.

on a bench	ar fainc
to wait for	aros am
this weekend	penwsos 'ma
so romantic	mor romantus
nice to meet you	braf dy gyfarfod di

1. **Mor** can often be a tricky one because it looks a lot like the word *'more'*. **Mor** means both *'so'* (as used to intensify adjectives), e.g., **mor hapus** (= *so happy*), **mor ramantus** (= *so romantic*), as well as linking up with **â/ag** as follows; **mor drist â hi** (= *as sad as her*), **mor cŵl ag Owen** (= *as cool as Owen*). Notice that **mor** always causes a soft mutation. Side note; *more* in Welsh is **mwy**.
2. **Cyfarfod** is a cool word because it's both a noun and a verb[al noun]. As a noun it's *'a meeting'* and as a verb it's *'to meet'*. **Cwrdd [â/ag]** can also be used for *'to meet.'* Additionally, **i'w gyfarfod** is formed from '**i** + **ei** + **cyfarfod**' which literally translates as *'to his meet'*. Essentially, **i'w gyfarfod** = *'to meet him'*, **i'w chyfarfod** = *'to meet her'*, and **i'w cyfarfod** = *'to meet them.'*
3. In point 1 above we see that '**mor ___ â/ag**' expresses *'as ___ as'*. Unfortunately, there's always exceptions of which **cymaint** is one. **Cymaint** equates to *'as/so much'*, but it can also be *'as much as'* when linked with **â/ag**.
4. **Priodi** is *'to marry.'* The reason it's **phriodi** here is it should have a cheeky '**ei**' (= *her*) before it. Other terms involving **priodi** include, **priod** (= *wedded, married*), **priodas(au)** = *wedding(s)*, **priodfab** (= *groom*), **priodferch** (= *bride*), and **priodol** (= *appropriate, proper, respective*).

DYDY HWNNA DDIM I BLANT!

Mae Sioned efo Mabon achos mae tad Mabon, Owen, yn gweithio.

Mabon Sioned! Gawn ni chwarae ar dy gêm?

Sioned Rhaid i fi orffen llnau[1]'r gegin. Mae dy dad yn mynd i gyrraedd mewn rhyw[2] bum munud.

Mabon Hmmm, ga' i chwarae ar dy gêm 'te?

Sioned Sori, dydy gêm fi ddim i blant.

Mabon Ond dw i ddim yn blentyn!

Sioned Iawn... oedolion sy'n golchi llestri.

Mabon Dw i'n gw'bod sut i olchi llestri.

Mae Mabon yn dechrau golchi llestri.

Mabon Ti'n gweld?

Sioned Oedolion sy'n llnau[1]'r bwrdd.

Mabon Dw i'n gallu llnau[1]'r bwrdd!

Mae Mabon yn glanhau[1]'r bwrdd.

Sioned Da iawn! Rwyt ti wir[3] yn oedolyn.

Mabon A rŵan gawn ni chwarae dy gêm di?

Sioned O, na! Sbïa, mae'n naw o'r gloch. Rhaid i ti fynd i'r gwely!

Mabon Ond oedolyn 'dw i... ac mae oedolion yn mynd i'r gwely'n hwyr iawn!

Mabon's father	tad Mabon
I must	rhaid i fi
for children	i blant
to wash dishes	golchi llestri
adult	oedolion

1. **Llnau** is a colloquial term heard most often in north Wales. My guess is you're far more accustomed to the standard term '**glanhau**' (= *to clean*). When researching for my dissertation on the dialect of northeast Wales, I happened upon the terms '**clau fyny**' and '**cnau fyny**'; both meaning '*to clean up,*' with the latter always making me chuckle because **cnau** means *nuts*.
2. The fact that **rhyw** means both '*some*' and '*sex*' was not the reason I'm commenting on it here. It's because although '**tua(g)**' is common when expressing '*about*' or '*approximately,*' you'll also hear '**rhyw**' too. **Wna' i ddod mewn rhyw bum munud** = *I'll come in about five minutes*. A few other phrases suggesting a short period of time include, **pum munud deg** (literally, *five minutes ten*) and **yn y munud rŵan** (literally, *in the minute now*) which is the closest I've come to finding a Welsh language equivalent for the abominable phrase '*now in a minute.*' **Ych a fi**!
3. **Wir** comes from **gwir** (= *true, real*) and is super common as a tag or an adverb to suggest '*truly, honestly, really.*'

MAE'N RHY BERYGLUS[1]

Sioned Anwen, dw i methu!

Anwen Mi fydd o'n[2] iawn.

Sioned Mae gen i ofn[3]. Mae'n rhy beryglus!
Mae'n syniad drwg.

Anwen Mi fydd popeth yn iawn, Sioned.

Sioned Pam 'sgen ti ddim ofn[3]?

Anwen Achos mae pawb yn 'neud hyn.
'Sdim rhaid i ti fod ofn.
Dw i yma ac dw i'n mynd i aros efo ti.

Sioned Diolch, Anwen. Ti'n ffrind da.
Iawn... dw i'n barod!

Dyn 'Dych chi am fynd ar y reid[4] 'ma neu be'?
Mae 'na lot o bobl yn aros tu ôl i chi!
Dyma'r reid[4] mwya'[5] a hyna'[5] yn y wlad.

Anwen Be'? Y mwya'[5]? Yr hyna'[5]?

Sioned Dw i'n barod!
Ac mae fy ffrind, Anwen, yn dod efo fi!
Anwen!? Pam ti'n rhedeg? Lle ti'n mynd?

Anwen Sori, Sioned!
Dw i methu mynd ar y reid[4] 'na!
Mae'n rhy beryglus[1]!

I'm scared	gen i ofn
everything	popeth
I'm here	dw i yma
a good friend	ffrind da
in the country	yn y wlad

1. **Peryglus** is the adjective *'dangerous.'* The noun is **perygl** (= *danger*). To help you remember, remind yourself that the Welsh word looks a bit like *peril* or *perilous*.
2. **Mi fydd o'n** means *'it'll be'*. Chances are, if you had any sort of education of Welsh when you were at school, then you've seen **bydd yn** which is rather standard and/or literary. In southern dialects you're likely to encounter **fe fydd e'n** instead.
3. Although the standard term for *being scared* is **mae ofn arna' i** (literally, *there's fear on me*), **mae gen i ofn** is probably just as common to hear these days. The word **ofn** itself means *fear*, with **ofnus** meaning *scary* or *frightful*. The negative terms will be either **does gen ti ddim ofn** or **sdim ofn arnat ti** (= *you're not scared, there's no fear on you*).
4. **Reid** is simply a lifting from the English word *'ride'* and is pronounced like *'raid.'* It's used for most *'rides'* at fairgrounds, etc. In this case, it refers to a *rollercoaster*... just for context.
5. Did you notice that both **mwya'** (= *most/biggest*]) and **hyna'** (= *oldest*) both end in **-a'**? Actually, they [should] both end in **-af** in standard Welsh... a suffix we add to adjectives to form the superlatives. Both **mwya'** and **hyna'** are irregular terms from **mawr** (= *big*) and **hen** (= *old*) respectively. Most other adjectives work just fine; **hapus** (= *happy*) > **hapusaf** (= *happiest*), **agos** (= *close*) > **agosaf** (= *closest*).

TYNNU LLUNIAU[1] YN Y PARC

Pob dydd, mae Gareth yn mynd i'r parc efo'i gi. A phob dydd, mae o'n gweld Anwen yn tynnu lluniau[1]. Un diwrnod[2], mae o'n penderfynu siarad efo hi.

Gareth S'mai!

Anwen Yrm, s'mai.

Gareth Ga' i ofyn rhywbeth i ti?

Anwen Be'?

Gareth Dw i'n gweld ti'n tynnu lluniau[1] bob dydd[2].

Anwen Ie...

Gareth Be' ti'n tynnu lluniau[1] ohono[3]?

Anwen Lot o bethau.
Pethau hardd, neu bethau diddorol.

Gareth Gwych. Be' ti'n tynnu llun[1] ohono[3] rŵan?

Anwen Dw i ddim isio d'eud.

Gareth Pam?

Anwen Yrm, iawn... ti'n dod yma bob dydd[2]...

Gareth Ti'n tynnu llun ohono' i?!
Wel, dw i'n meddwl bod ti'n ddel hefyd!

Anwen Yrm, na. Dw i'm yn tynnu llun[1] ohonot ti!

Gareth ...

Anwen Dw i'n tynnu llun[1] o dy gi.
Mae o'n ddel iawn. Sbïa!

to decide [to]	penderfynu
to ask	ofyn
lots of things	lot o bethau
every day, everyday	bob dydd
look!	sbia

1. With all due respect to the beautiful simplicity of the Welsh language, **tynnu llun** has always annoyed me a tad. Literally translating as *'extracting a picture'*, we use **tynnu lluniau** when we want to say we're *'taking pictures'*... be that via a camera or a pencil. There's literally no way to differentiate save for the context of what you're saying/hearing/seeing. For context here, Anwen is *'drawing'*, rather than *'taking photographs.'*
2. Right, let's sort out the **diwrnod** vs **dydd** conundrum once and for all. **Diwrnod** is used for the 24-hour period that makes up *'a day.'* **Dydd** is for the time within that period where the sun is shining. We see a similarity between **noson** (i.e., the whole night period) and **nos** (i.e., when the sun isn't shining), although the rules around this pair can be more conflicting at times.
3. Ending a sentence/clause with a preposition is not cool in Welsh. In this case, the question in English might read "*what are you drawing a picture of?*", but in Welsh we prefer to either pop the preposition at the start (i.e., **<u>o</u> be' ti'n tynnu llun?** = *<u>of</u> what are you taking a picture?*) or use a personalised form of it at the end (i.e., **be' ti'n tynnu llun <u>ohono</u>?** = *what are you taking a picture <u>of it</u>?*).

GWAITH CARTREF

Mae Anwen a Sioned yn nosbarth celf Mr Puw.

Mr Puw Anwen, ga' i weld dy waith cartref?

Anwen Dw i... dw i ddim isio dangos i chi.

Mr Puw Esgusoda fi!

Anwen Mae gen i g'wilydd[1].

Mr Puw Ond pam?

Anwen Achos dw i'm yn meddwl bod gwaith fi'n dda iawn o gwbl.

Sioned Anwen, ti ydy'r gorau yn y dosbarth!

Anwen Sioned, stopia[2]!

Mr Puw Anwen, ti *ydy*'r gorau yn y dosbarth.

Anwen Plîs, dw i ddim isio...

Mae Mr Puw yn cymryd gwaith cartref Anwen ac yn edrych arno[3].

Mr Puw Mae'n... mae'n... hyfryd.

Anwen 'Dech chi wir yn licio fo[3]?

Mr Puw Dw i'n ei garu o[3]!
Y gwyn ar y gwyn ar y gwyn...
Pan dw i'n gweld o[3], dw i'n teimlo'n drist...
ond yn hapus hefyd. Gwaith bendigedig!
Mae Mr Puw yn gadael. Mae Sioned yn edrych ar waith cartref Anwen.

Sioned Ond mae'n wyn i gyd, Anwen.

Anwen Dw i'n g'wbod.

Sioned Ti byth yn 'neud dy waith cartref.

art class	dosbarth celf
to show	dangos
I'm embarrassed	gen i g'wilydd
lovely	hyfryd
excellent work	gwaith bendigedig

1. **Cywilydd** strictly means *'shame,'* but we're using here it to suggest *'embarrassment.'* **[Mae] gen i g'wilydd** (literally, *I have shame*) is rather common in speech to express *'I'm embarrassed.'* Another cool phrase is **'Sgen ti'm c'wilydd?** (= *Have you no shame?, Aren't you embarrassed?*). **Digywilydd** means *'shameless'* and can be heard after **bachgen/hogyn** as a means of scolding a cheeky young boy.
2. **Stopio** has been lifted straight from the English verb *'to stop.'* By adding **-a** at the end, we transform it into the informal/singular imperative (i.e., command), *'stop!'*. We could also use **paid [â/ag]** here too.
3. Expressing *'it'* in Welsh can be a tricky task. Without going into a great amount of detail here, we don't actually have a word for *'it'*… we use *'him'* or *'her.'* Obviously, it all depends on the gender of the noun in question when deciding which we need. In this case, **gwaith cartref** (= *homework*) is masculine, so I've used **arno** (= *on him, on it*) and **(f)o** (= *him, it*). You'll also see/hear **(f)e** in southern dialects.

NOSON BITSA

Owen	Mabon! Be' t'isio b'yta[1]?
Mabon	Pitsa. Dw i'n wyth oed. Dw i isio pitsa bob tro.
Owen	Gwych! Gawn ni 'neud pitsa!
Mabon	Neu... gawn ni ordro[2] pitsa!
Owen	Ond mae paratoi pitsa'n fwy hwyl.
Mabon	Hwyl i bwy?
Owen	Hwyl i ni!
Mabon	Iawn, Dad... Be' sy' rhaid i ni 'neud?
Owen	'Wnei di nôl[3] y blawd, y dŵr, a'r halen, plîs?
Mabon	Iawn.
Owen	Rŵan, rhaid i ni gymysgu[4]...
	Maen nhw'n cymysgu[4]'r blawd, y dŵr, a'r halen.
Mabon	Mae hyn yn anodd... dw i isio bwyd!
Owen	Iawn. Rŵan, 'den ni'n aros.
Mabon	Rhaid i ni aros?!
Owen	Dydy'r toes ddim yn barod eto.
Mabon	Am faint mae'n rhaid i ni aros?
Owen	Yrm... dwy awr.
	Mae Mabon yn sbïo ar Owen.
Owen	Dw i'n mynd i ordro[2] pitsa.
Mabon	Ti ydy'r gorau, Dad!

every time	bob tro
to prepare	paratoi
will you fetch?	wnei di nôl
difficult	yn anodd
you're the best!	ti ydy'r gorau

1. Notice how **b'yta** is used here instead of **bwyta** (= *to eat*). This pronunciation is a common phenomenon across Welsh dialects. It can be heard pronounced as *buh-tah* or *bih-tah*.
2. Although the standard term for *'to order'* in Welsh is **archebu** – **archeb** is *an order* – many people (myself included) fall into the lazy trap of saying **ordro**. **Be' t'isio fi ordro am fwyd?** (= *What d'ya want me to order for food?*).
3. Definitely one to watch here! **Nôl** is the verb *'to fetch'* in Welsh, but it's pronounced exactly the same as **'nôl** which derives from **yn ôl** meaning *back(wards)*. As a side note, **yn ôl** can also mean *'according to.'* Check this sentence out: **yn ôl Owen, pan mae o'n dod 'nôl, bydd o'n nôl y bara** (= *according to Owen, when he comes back, he will fetch the bread*).
4. **Cymysgu** means *'to mix'*. If you look/listen closely enough, you'll sort of hear the word *'mix'* in there. **Cymysg** is the adjective form; *mixed, promiscuous*, and **cymysgedd** is your noun; *a mixture, a blend*.

Y GÊM FAWR

Mae Ffion yn cyrraedd tŷ Alun.

Ffion — Ti'n barod am gêm bwysica'r tymor! Ac mae gynnon ni dicedi[1]!

Alun — Ffion... dw i methu mynd i'r gêm.

Ffion — Pam?

Alun — Rhaid i fi astudio. Mae gen i arholiad pwysig 'fory. Dw i angen marciau da i fod yn feddyg. Dw i'n sori...

Mae Ffion yn rhoi'i[2] chôt ar y bwrdd.

Ffion — Iawn, Alun. 'Sgen ti goffi?

Alun — Yrm... oes. Pam?

Ffion — Dw i ddim isio syrthio i gysgu, na'dw!? 'Den ni'n mynd i astudio trwy'r nos.

Alun — Ond...

Ffion — Ti wastad yna i fi. Ac, heddiw, dw i isio bod yna i ti.

Alun — Ond dyma gêm bwysica'r tymor...

Ffion — Ti'n bwysicach[3] na gêm. Ti'n mynd i gael marciau da! Ac yn y dyfodol, pan ti'n feddyg... Ti'n mynd i brynu ticedi[1] am gêm bwysig, iawn?

Alun — Wrth gwrs, Ffion.

Ffion — Iawn, lle mae coffi fi?

season, term	tymor
an examination	arholiad
on the table	ar y bwrdd
all night	trwy'r nos
good marks	marciau da

1. Fine, **tocyn** is *'a ticket'*... but that's only because it derives from the same root-word from whence *'token'* comes. **Ticed(i)** (= *ticket(s)*) is just as common to see/hear in Welsh. I've chosen **ticed** here for the simple reason that *'two tickets'* would translate as '**dau diced**'... which sounds bloomin' hilarious to English speakers when said out loud. You're welcome.
2. You may well be aware that **rhoi** means both *'to give'* and *'to put.'* The added **'i** after it is a sneaky **ei** (= *his, her*). In this instance, **rhoi'i chôt** means *'to put her coat.'* To say *'to put his coat,'* we perform the same soft mutation that **ei** causes when it means *'his'*; **rhoi'i gôt**.
3. Earlier, we saw how adding **-a' / -af** to end of adjectives changed them into superlatives. In similar fashion, adding **-ach** forms the comparative; e.g., **pwysicach** = *more important*, **hapusach** = *happier*. We use the word **na** to represent *'than'* when actually comparing, e.g., **mae hwn yn bwysicach <u>na</u> hwnna** = *This is more important <u>than</u> that*, **dw i'n hapusach <u>na</u> nhw** = *I'm happier <u>than</u> them*.

BRECWAST

Mae Owen wrthi'n[1] paratoi brecwast i Mabon.

Mabon Helô, Dad! Ti'n paratoi rhywbeth?

Owen Bore da, Mabon. Yndw, brecwast!

Mabon Ond pam?

Owen Achos 'sgen i byth[2] yr amser i 'neud!

Mabon Dad, dw i ddim isio brecwast...

Owen Ond dw i wrthi'n[1] paratoi wyau.

Mabon Dw i ddim isio wyau.

Owen Ond ti'n caru wyau!

Mabon Yndw, ond...

Owen Mae 'na fara a sudd oren hefyd. Ti'n caru sudd oren!

Mabon Yndw, ond...

Owen Be' sy'n bod, Mabon?

Mabon Dad, mae'n hanner dydd[3].

Mae Owen yn edrych ar y cloc.

Owen Aaa... mae paratoi brecwast yn cymryd lot o amser!

Mabon Ond mi gawn ni baratoi cinio rŵan!

to prepare	paratôi
I don't want	dw i ddim isio
eggs	wyau
what's the matter?	be 'sy'n bod
now	rŵan

1. If you're clued up with French, **wrthi'n** works a lot like ***en train [de].*** Essentially, if one is *'in the process of'* doing something, we squeeze **wrthi'n** in there. It literally equates to *'unto it/her'*, but it enables us to differentiate between sentences like the following; **dw i'n siarad** = *I'm speaking* vs **dw i wrthi'n siarad** = *I'm currently/in the process of speaking.*
2. **Does gen i ddim** and **does 'da fi ddim** are the general northern and southern (respectively) versions of *'I haven't got (a).'* In speech, you'll often hear does reduced to simply **''s'**, as seen in this particular story. Another cool trick – also seen in this story – is to swap out **ddim** for **byth**; doing so changes the meaning from *'I haven't got'* to *'I've never got'* or *'I never have (any).'*
3. **Hanner dydd** translates literally as *'half [of the] day,'* but suggests *'midday.'* Similarly, we can say **hanner nos** for *'midnight,'* **hanner cant** for *'fifty,'* and **hanner (we)di hanner** for *'half past midday/midnight.'*

SBÏA AR FY LLUN

Mae Owen yn cyrraedd tŷ Gwyn.
Mae gan Owen lun[1] yn ei law.

Gwyn Be' ydy hwnna, Owen?

Owen Dyma fy llun cynta'! T'isio gweld?

Gwyn Na'dw.

Owen Ond ti'n athro celf.

Gwyn Yndw, ac dw i'n onest[2] iawn.

Owen Dw i'n licio bobl onest[2]!

Gwyn Ti ddim yn mynd i fod yn hapus.

Owen Ond dw i isio dy farn di.

Gwyn Dydy o ddim yn dda.

Owen Sut ti'n gwybod hwnna?

Gwyn Achos dwyt ti ddim yn arlunydd ac mae'n dy lun cynta'. Dydy lluniau cynta' pobl byth yn dda.

Owen Plîs[3] jyst sbïa. Plîîîîs[3], Gwyn.

Gwyn Iawn.

Mae Gwyn yn edrych ar lun Owen.

Gwyn Owen, mae'r llun 'ma'n...

Owen Ie?!

Gwyn ... wir yn dda.

Owen Ieee! Gwych! arlunydd 'dw i!

Gwyn A rŵan, cer allan o fy nhŷ, plîs[3]!

Gwyn's house	tŷ Gwyn
do you want to see?	t'isio gweld
your opinion	dy farn di
an artist	arlunydd
get out!	cer allan

1. **Llun** strictly translates as *'a picture,'* but it can refer to most images such as *'paintings,' 'drawings,' 'photographs,'* etc. In this instance, Owen is discussing a *painting* he's created. I was tempted to use the term '**paentiad**' (= *a painted picture*), but it sounded far too unnatural for the type of conversation being had in this story.
2. A quick note on **onest** here. The actual word for *'honest'* is **gonest** in Welsh. Because it's usually used after '**yn**' (and therefore '**'n**') the soft mutation forces the initial g- to drop. It has mutated here because **pobl** (= *people*) is a feminine singular noun. I'm raising this point in that hope that the students at the school in which I teach will read this and stop writing **a bod yn <u>h</u>onest** [sic] (= *to be honest*) in their work.
3. There are a few ways of expressing *'please'* in Welsh. Whether the purists like it or not, both **plîs** and **plis** (both pronounced remarkably like *'please'* but with more of a softer *s*-sound) are really common. **Os gwelwch yn dda** actually translates as *if you see it [to be] good.*

YN Y TACSI

Mae Ffion mewn tacsi.
Mae hi'n edrych ar y map ar ei ffôn.

Ffion Cym' y chwith nesa', plîs.

Gyrrwr[3] Na, rhaid troi i'r chwith mewn un filltir.

Ffion Ond mae fy ffôn yn d'eud bod y ffordd[1] 'ma'n gyflymach.

Gyrrwr[3] Sori, ond dw i'n 'nabod[2] ffyrdd[1] y ddinas 'ma'n dda iawn!

Ffion Mae fy ffôn yn gwybod am bob ffordd[1] ym mhob dinas yn y byd.

Gyrrwr[3] Fi sy'n dreifio[3], dim ffôn ti.

Ffion Ie, ond fi sy'n talu!

Gyrrwr[3] Iawn!

Mae'r gyrrwr yn troi i'r chwith ac yn stopio.

Gyrrwr[3] A dyma ni. Ti'n mynd nofio?

Ffion Na'dw, dw i'n mynd siopa dillad. Pam?

Gyrrwr[3] Achos mae'r ffordd[1] yn stopio fan hyn[4]. Dyma'r afon.

Ffion Ŵŵŵps... dw i'n meddwl bod fy ffôn wedi 'neud camgymeriad. Dw i mor sori.

Gyrrwr[3] Ond dw i byth yn 'neud camgymeriad. Ga' i ddewis y ffordd[1] rŵan?

Ffion Cei, plîs...

to turn [to the] left	troi i'r chwith
it's faster	yn gyflymach
to stop	stopio
here we are	dyma ni
a mistake	camgymeriad

1. **Ffordd** can mean both *road* and *way*. It's probably why my **taid** – like many Welsh people from generations past – would often say stuff like "*across the way*" instead of "*across the road*", and "*get out [of] the road!*" for "*get out of the way!*" More than one **ffordd** are **ffyrdd**, a bit like how more than one **fforc** (= *a fork*) are **ffyrc**, and more than one **ffon** (= *a stick*) are **ffyn**.
2. I'm certain I covered the old **gwybod** vs **(ad)nabod** conundrum in the Parsnips and Owls book, but there's more! Yes, **(ad)nabod** indeed means '*to know someone,*' but it can also be used to express '*to recognise/know [a place]*, for example; **dw i'm yn 'nabod y lle 'ma'n dda iawn** = *I don't know this place very well*. Just thought you'd like to... erm... *know*.
3. **Dreifio** is the lazy way people now express **gyrru** (= *to drive*). **Gyrrwr** is a driver, but you'll hear **dreifiwr** too.
4. Although I feel pretty confident in knowing when you express '*here*' as **yma** and when to say **[yn] fan hyn**, I've always found it tough to explain... so I'm not even going to try. Rest assured; you'll definitely be understood either way... I promise!

MAE'N ARGYFWNG!

Mae Mabon yn y pwll nofio efo'i[1] dad, Owen. Mae o'n rhedeg at y gwarchodwr[2].

Mabon Helpwch fi! Mae dad fi angen help!

Gwarch[2]. Ydy o'n boddi?

Mabon Na'di...
Mae o angen eich help efo'i[1] wisg nofio.

Gwarch[2]. Dw i ddim yn dallt...

Mabon Mae'i[1] wisg nofio'n rhy fach.
Dydy o byth yn gwrando arna' i...
Mae wir yn ofnadwy!

Gwarch[2]. Mae'n ddrwg gen i, ond mae gwarchodwyr[2] yma ar gyfer argyfwng.

Mabon Ond mae'n argyfwng go iawn! Sbïwch!

Mae'r gwarchodwr[2] yn edrych ar Owen.

Gwarch[2]. O... na! Mae gen ti bwynt. Mae'i[1] wisg nofio'n llawer rhy fach i dy dad!

Mae'r gwarchodwr[2] yn galw Owen.

Gwarch[2]. Helô! Syr! Dw i ar fy ffordd!

Mae'r gwarchodwr[2] yn rhedeg tuag at Owen efo tywel mawr coch.

Owen **Be' sy'n digwydd?**

Gwarch[2]. **Syr, rhaid i ti gymryd y tywel 'ma, plîs. Mae'n argyfwng!**

to drown	boddi
you have a point	gen ti bwynt
to call	galw
big, red towel	tywel mawr coch
sir	Syr

1. You'll notice that there are a few occasions when **'i** shows up in this story. Essentially, whenever **ei** (= *his, her*) immediately follows a vowel, it should morph into **'i.** Examples here include; **efo** + **ei** + **tad** > **efo'i dad** (= *with his father*), **efo** + **ei** + **gwisg nofio** > **efo'i wisg nofio** (= *with his swimsuit*), **mae** + **ei** + **gwisg nofio** > **mae'i wisg nofio** (= *his swimsuit is*). Notice how, just like how **ei** (= *his*) causes a soft mutation, **'i** will cause the very same. In the case of **ei** (= *her*), we'd see constructions such as **efo'i thad** (= *with her father*), complete with the aspirate mutation.
2. **Gwarchodwr** derives from **gwarchod** (= *to mind, to babysit, to look after*, etc). **Gwarchodwr**, therefore, can translate as *'a lifeguard.'*. I've shortened the word **gwarchodwr** to **gwarch.** in the story as the whole word wouldn't fit. ***Sori***!

LLYTHYR CARIAD

Mae Sioned yn gwarchod Mabon.
Maen nhw yn y llyfrgell.

Sioned Mabon, be' ti'n 'neud?

Mabon Hmmm... dw i'n sgwennu[1] llythyr.

Sioned Sgwennu[1] llythyr i bwy?

Mabon Mae'n llythyr i ferch.
Dw i'n licio hi lot fawr[2].

Sioned Www! Mae'n llythyr cariad, 'lly[3]?
Ydy hi yn dy ddosbarth?

Mabon Na'di... mae hi'n hŷn[4] na fi.

Sioned Hŷn na ti? Ydy hi'r un[5] oed â fi?

Mabon Yndi, mae hi'n gwarchod fi weithiau.

Sioned Aros funud...
Mae hi'r un oed â fi...
Ac mae hi'n gwarchod ti weithiau?

Mabon Yrm... yndi.

Sioned Ydy hi'n glyfar?

Mabon Yndi!

Sioned O, Mabon! Ydy'r llythyr i fi?
Dw i mor sori, ond ti'n rhy ifanc i fi.

Mabon Na'di! Dydy'r llythyr ddim i ti.
Mae'r llythyr i dy ffrind gorau!
'Wnei di roi'r llythyr 'ma i Anwen?

to babysit	gwarchod
in the library	yn y llfrgell
a love letter	llythyr cariad
sometimes	weithiau
too young	rhy ifanc

1. **Sgwennu** is a really common word used across Wales instead of **ysgrifennu** (= *to write*).
2. **Lot fawr** is a colloquial term meaning *'a lot.'* Other terms include **llawer (iawn)** and **yn fawr iawn**.
3. **'Lly** is a shortened version of **felly**. Equating to *'so'* or *'therefore'* in English, the term is also used as a tag word to mean *'then.'* In southern dialects, you're likely to hear '**'te**' or '**'ta**.'
4. **Hŷn** is the standard term for *'older'*, representing the comparative term for **hen** (= *old*). In common speech, many Welsh speakers say **henach**, which closer follows the regular adding of **-ach** to form comparatives. Although you'll also see/hear **hynaf** (= *oldest, eldest*), some speakers use **hena(f)** instead.
5. To express *'the same'* in Welsh, we say **yr un**. This translates literally as *'the one.'* **Yr <u>un</u> amser bob dydd** = *The <u>same</u> time every day*. For *'both,'* we say '**y ddau**' or '**y ddwy**' (depending on the gender of the noun(s) in question).

PLANHIGION ALUN

Mae Owen yn codi[1]'i ffrind, Alun, o'r dref.

Alun S'mai, Owen! Diolch am roi lifft i fi.

Owen Dim problem o gwbl!
Ond mae gen i newyddion drwg.

Alun Oes, wir?

Owen Dw i 'di[2] rhoi dŵr i planhigion ti...
Ond maen nhw i gyd 'di marw.

Alun Be'!? Ro'n i 'mond[3] i ffwrdd am wsos!

Maen nhw'n cyrraedd tŷ Alun.
Maen nhw'n edrych ar y planhigion.

Owen Roedd y planhigyn na'n wyrdd.
Rŵan, mae'n frown.

Alun Ie, mae'r planhigyn 'na 'di[2] marw.

Owen Ac roedd hwnna'n goch...
Ond, rŵan, mae'n frown hefyd.

Alun Owen, sut maen nhw i gyd 'di[2] marw?

Owen Dw i ddim yn siŵr. Wnes i roi dŵr
iddyn nhw tair gwaith[4] y dydd...

Alun Tair gwaith[4] y dydd?! Ond wnes i dd'eud
tair gwaith yr *wsos*!

Owen O. Sori.
Ond sbïa! Dydy hwnna ddim yn frown.
Mae'n wyrdd!

Alun Owen, mae hwnna'n blastig.

no problem at all	dim problem o gwbl
[have] died	wedi marw
that [one] was red	hwnna'n goch
I'm not sure	dw i ddim yn siwr
but I said	ond wnes i dweud

1. **Codi** can express any of the following; *to get up, to lift, to rise, to erect*, and... *to pick up*. In this instance, Owen is *picking up* his friend, Alun, from the town.
2. If you've read the first Parsnips and Owls book, you're probably clued up with shortening **wedi** to **'di**. A quick tip when using **wedi** (or, indeed, **'di**) is to think of it translating as '*past*' – as it does when discussing the time; **chwarter <u>wedi</u> tri** = *quarter <u>past</u> three*. **Dw i 'di rhoi** equates to '*I've given/put*' in English but translates literally as '*I'm past giving/putting*.' That always helped me understand it.
3. **'Mond** is short for **dim ond**, which translates literally as '*nothing but*.' Although this translation works just fine when deciphering Welsh, it probably equates better as '*only*' in English. **Yn unig** is another term used for '*only*.'
4. **Tair gwaith** looks like it should translate as '*three works*', but **gwaith** is also the word for '*a time*' or '*an occasion*.' It's for this reason that the plural, **weithiau** – literally, *occasions* – means '*sometimes*.' Weirdly, **gwaith** is a masculine noun, but we use the three feminine numbers when referring to numbers of *occasions*; **dwywaith** (= twice), **tair gwaith / teirgwaith** (= *thrice, three times*), **pedair gwaith** (= *four times*).

Y GACEN

Mae Megan yn y gegin.
Dydy hi ddim yn gallu ffeindio'i chacen.

Megan Lle mae cacen fi?

Mae Megan yn edrych ar Alys.

Megan Alys? Be' ti'n b'yta?

Mae Alys yn cuddio[1]'i phlât.

Alys Yrm... dim byd!

Megan Dw i methu ffeindio cacen fi.

Alys Dyna[2] ryfedd. Ai[3] cacen fach ydy hi?

Megan Yndi!

Alys Oes 'na orenau yn y gacen?

Megan Oes! Llwyth o orenau.

Alys Ydy'r gacen yn frown?

Megan Yndi! Mae'n frown.

Alys Ydy dy gacen yn flasus? Flasus *iawn*?

Megan Alys! Wyt ti'n b'yta cacen fi?

Alys Na'dw!

Megan Iawn, sori. Dw i jyst isio bwyd
ac dw i'n ffansïo cacen siocled fi.

Alys Siocled? Fanila ydy dy gacen di!

Megan Aha! Ro'n i'n gw'bod! Ti'n b'yta cacen fi!

to hide	cuddio
that's strange	dyna ryfedd
it's brown	yn frown
I just want food	dw i jyst isio bwyd
chocolate cake	cacen siocled

1. **Cuddio** means *'to hide'*, with the word **cudd** acting as an adjective meaning *'hidden.'* Check out how *'hidden dip'* translates to '**pant cudd**' on signage in Wales. In my own north-eastern dialect, the word **cwts(h)io** means *'to hide.'* People from south Wales may recognise this word as *'to hug.'* Where I'm from, a **cwtsh** is *'a hiding place'* or *'a cubby hole.'*
2. Although you're likely to recognise **dyna** as *'that's (a)'* or *'there is/are [some]'*; e.g., **dyna fy ffrind** (= that's my friend), it can also be used with adjectives to describe a given sentiment. In this case, **dyna ryfedd** means *'that's strange'*. In case you're wondering, the phrase '**mae hwnna'n rhyfedd**' would also equate to the same meaning.
3. **Ai** is often left out in both speech and writing these days, but it's actually really useful. When asking questions that don't begin with verbs, we *should* start with **ai** first. As a little extra tip, any questions formed in this manner are correctly answered with either **ie/ia** for *yes* and **na/na'ge/na'ci** for *no*.

Y DYRCHAFIAD[1]

Mae bos Ffion isio gweld hi yn y swyddfa.

Y Bos Bore da, Ffion. Gawn ni siarad am Rhys?

Ffion **Iawn...**

Y Bos 'Dech chi'n licio gweithio efo fo?

Ffion **Efo Rhys? Mae o'n neis... Ond, yrm... Mae o wastad yn hwyr, a rhaid i fi 'neud ei waith i gyd drosto fo[2]. Ac mae o'n d'eud wrtha' i sut i 'neud fy ngwaith i. Ac wsos d'wetha', wnaeth o[3] f'yta fy nghinio! Mae Rhys yn ofnadwy!**

Y Bos Wir?
Mae'n ddrwg gen i glywed hwnna.
Ro'n i'n meddwl am roi dyrchafiad[1] iddo.
Mi fasai o'n gweithio mewn swyddfa arall. Rhaid i ni ffeindio'r person cywir.

Ffion **Aros funud, fasai o'n gweithio mewn swyddfa arall? Mae Rhys yn berffaith!**

Y Bos Ond, 'dech chi newydd[4] dd'eud fod o'n berson ofnadwy!

Ffion **Be'? Na, mae o'n wych!**

Y Bos Ac mae o wastad yn hwyr.

Ffion **Yrm, na... roedd hwnna'n jôc!**
Rhys ydy'r person perffaith
ar gyfer y dyrchafiad yma...
ac i weithio mewn swyddfa arall!

in the office	yn y swyddfa
to talk about	~~[illegible]~~ siarad am
last week	wsos d'wetha
the right person	y person cywir
that was a joke	roedd hwnna'n jôc

1. **Dyrchafiad** is the word for what Wrecsam AFC will be achieving every year for the next few seasons... *promotion*! **Dyrchafu** means *'to promote.'* Up the Town!
2. Literally, **drosto fo** translates as *'over him,'* but when referring to things we do *'for'* someone, we use **dros** (= *over, across*). In this story, Ffion explains how she is "**'neud ei waith i gyd drosto fo**" (= *doing all of his work for him*). In southern dialects, you'll hear **drosto fe**. **Drosti hi** is *'over/for her'*, and **drostyn nhw** means *'over/for them'*.
3. You're probably wondering why there are so many different ways of expressing the simple past tense in Welsh. Well, there just are. Here, **wnaeth o f'yta** means *'he ate,'* but any of the following would also suggest the very same thing; **wnaeth e fwyta**, **ddaru o fwyta**, **mi fwytodd o**, **fe fwytodd e**. There are probably a few more too... not to mention that **b'yta** and **bwyta** are interchangeable. Don't hate the player...
4. **Newydd** means 'new,' but, when used before a verb means *'have just'* (or *'newly'*). **Dw i newydd fod** (= *I've just been / I've newly been*).

CYN-GARIAD FI!

Mae Megan a Ffion yn yr archfarchnad.

Megan Nansi ydy honna[1]?

Ffion Pwy ydy Nansi?

Megan Cyn-gariad fi!

Ffion Y ferch yn y crys coch?

Megan Ie. Mi wnaeth hi adael i astudio mewn dinas arall. Y tro d'wetha' wnaethon ni siarad oedd pum mlynedd yn ôl[2].

Ffion T'isio siarad efo hi rŵan?

Megan Dw i'm yn gw'bod. Dw i'm yn meddwl wneith hi gofio fi.

Ffion Cer i siarad efo hi!

Megan Hmmm... iawn. Mi wna' i godi llaw ati hi.

Mae Megan yn codi llaw ati hi.

Ffion Mi wnaeth hi weld ti! Mae hi'n dod draw!

Megan Dim Nansi ydy honna[1]!

Ffion Ti'n siŵr?

Megan Yndw, dim hi ydy honna[1]!

Merch S'mai. Wnest ti godi llaw ata' i? Ydw i'n 'nabod ti?

Ffion Na'dwyt... ond ti'n gw'bod lle fedra' i brynu sbectol? Dydy ffrind fi ddim yn gweld yn dda iawn!

supermarket	archfarchnad
another city	dinas arall
to raise a hand, wave	codi llaw (a)
coming over/across	dod draw
to buy, to purchase	prynu

1. **Honna** is the feminine version of **hwnna** (= *that [one]*). I've mentioned it in the notes for Story Six.
2. After reading this sentence again, I thought it might be of use to actually break it down to show you exactly how it's built. There's some really interesting grammatical points in here. We begin with **y tro d'wetha'** meaning *'the last time/occasion.'* Next, we're faced with **wnaethon ni**. Once we've recognised that this a past tense term mean 'we [did something],' we then need to look at the verbal noun following it; siarad. This yields *'we did speak'* > *'we spoke.'* Because **wnaethon ni** doesn't derive from either **mae** or **roedd**, the inclusion of the pronoun *'that'* is taken for granted in Welsh. So far, we have *'the last time [that] we spoke.'* Finally, we use **oedd** here instead of **roedd** because it's fronting a new clause that we're adding onto another. **Roedd** tends to be used at the start of clauses/sentences, but, when used in this way, it more closely resembles English construction. **Pump** (= five) has dropped its final **-p** to make it sound nicer with **mlynedd**. So, *"The last time [that] we spoke was five years ago."* Phew!

Y GÂN

Mae Dewi a Hefyn mewn bwyty.
Maen nhw'n clywed cân.

Dewi Dw i'n caru'r gân 'ma!

Hefyn Wir? Dw i ddim yn licio hi gymaint[1].
Dydy'r gân ddim yn ddiddorol iawn.
Mae pawb yn gwybod hi!
Mae'n ddiflas.

Dewi Na'di, mae'n hyfryd.
Mae'r geiriau yn wych.

Hefyn Dw i methu clywed y gitâr yn iawn.

Dewi Ond y piano! Gwranda!
Ond mae 'na rywbeth pwysicach...

Hefyn Oes 'na?

Dewi Dyma'r gân oedd yn chwarae ar y diwrnod wnaethon ni[2] gyfarfod.
Mae'n dri deg mlynedd ers hwnna!

Hefyn Ooo, dw i'n cofio...
Dewi, dw i'n dallt rŵan pam ti'n licio'r gân 'ma gymaint[1].

Mae Hefyn yn codi i'w[3] draed ac yn edrych ar Dewi yn gariadus.

Hefyn T'isio dawnsio efo fi?

Dewi Oes!

it's boring	Mae'n ddiflas
listen!	gwranda
more important	pwysicach
I remember	dw i'n cofio
lovingly	yn gariadus

1. **Cymaint** equates to *'as much'* or *'so much.'* We'll add **â** when we wish to say stuff like **cymaint â hwnna** (= *as much as that*). In this story, it suggests something along the lines of *'quite so much.'*
2. Considered 'lazy' by some, to express that *'we [did something]'* we often use **'wnaethon ni** before the verb[al noun]. **Wnaethon ni gyfarfod** = *We did meet / We met.* You're very welcome to form the simple past with **cyfarfod** (= *to meet, a meeting*), but when I tell you it's **cyfarfuon ni**, you might just reconsider. You could also use **cwrdd [â]** for *'to meet.'* In which case, **cwrddon ni [â]** works just fine.
3. **I'w** looks a bit odd at first glance, but it's simply formed from adding **'i'** (= *to/for*) to **'ei'** (= *his, her*). At this point in your **dysgu Cymraeg** journey, you may be aware that **ei** (= *his*) causes a soft mutation, and **ei** (= *her*) causes an aspirate one. When using **i'w**, the mutations are no different. Compare these examples; **ei gath** (= *his cat*) > **i'w gath** (= *to/for his cat*), **ei chath** (= *her cat*) > **i'w chath** (= *to/for her cat*). Don't forget that we can also pop verb[al nouns] after **'ei'** too, so we may also find sentences like **dw i'n mynd i'w weld** (= *I'm going to see him*) and **dw i'n mynd i'w gweld** (= *I'm going to see her*).

ANFONA E-BOST

Mae Megan a'i nain, Alys, yn ymweld â Wrecsam. Maen nhw'n mewn caffi.

Alys: Mae mor neis dod 'nôl yma.

Megan: Pryd oeddech chi'n byw yn Wrecsam?

Alys: Bron i dri deg mlynedd yn ôl.

Megan: Awn ni[1] i'r amgueddfa rŵan?

Alys: Rhaid i fi fynd i'r toiled cyn gadael.

Mae Alys yn codi i'w thraed ac yn mynd i'r toiledau. Mae dyn yn cyrraedd y caffi. Mae o'n gweld Alys.

Myrddin: Rwyt ti'n edrych fel hen[2] ffrind i fi...

Megan: Ydw i, wir?

Myrddin: Ro'n i mewn cariad efo'r ferch 'na...

Mae Alys yn dod 'nôl.

Myrddin: Alys! Ai ti sy' 'na?

Alys: Ydw i'n 'nabod ti?

Myrddin: Fi sy' 'ma! Myrddin!
Ti erioed[3] wedi ymateb i fy llythyrau...

Alys: Dydy dy lythyrau erioed[3] wedi cyrraedd!

Myrddin: Ond ti yma heddiw! Gawn ni 'neud rywbeth efo'n gilydd rŵan!

Alys: Yrm... wel, dw i ar y ffordd i'r amgueddfa efo fy wyres. Anfona e-bost tro nesa'!

museum	amgueddfa
before leaving	cyn gadael
I was in love	ro'n i mewn cariad
to reply, to respond	ymateb
my granddaughter	fy wyres

1. **Awn ni** works a lot like **gawn ni** that we saw earlier. For the grammar lovers, **awn ni** is the second person plural present/future tense form of **mynd**, and it can translate as *'we go'* and/or *'we will go.'* In this story, it's used as a question, suggesting *'will we go?'*, but it equates better as more of a suggestion here, i.e., *'shall we go?'*
2. Although **hen** indeed means *'old,'* the man in the café here isn't being nasty! **Hen** can also suggest *'former'* or *'ex-.'* In a previous story, I used the term '**cyn-**' to express a similar sentiment.
3. There are two words for *'ever'* in Welsh; **byth** and **erioed**. Although there exist some grey areas between when to use each, the general rule of thumb is that **erioed** is used when talking in the past or perfect tense, and **byth** is used the rest of the time. Here's a quick example; **dw i erioed wedi bod yna** = *I've never been there* vs **dw i byth yn mynd yna** = *I'm never going there*. Both words take the place of **ddim** in sentences to change the meaning from *'not'* to *'never'* too.

ATHRAWES WYCH

Mae Mair tu allan i swyddfa'r pennaeth.

Mair Iawn, 'wna' i dd'eud wrtho fo[1] mod i ddim isio gweithio yma dim mwy.
Dw i'n athrawes sâl[2]. Mae fy myfyrwyr yn casáu fi ac mae'r pwnc yn rhy anodd i fi...

Mae hi'n cnocio ar y drws ond does neb[3] yn ateb. Mae Mr Puw yn dod allan o'r swyddfa drws nesa'.

Mr Puw Ga' i helpu chi?

Mair Ella... ga' i siarad efo chi?

Mr Puw Wrth gwrs. Ond yn gyntaf, mae gen i rywbeth i dd'eud wrthoch chi[1]. Dw i'n meddwl bod chi'n athrawes wych!

Mair Wir?

Mr Puw Mae'ch myfyrwyr yn caru chi.
Mae llawer o athrawon yn gadael am adre' yn syth ar ôl y wers. Ond 'dech chi ddim. 'Dech chi bob tro'n aros i helpu'ch myfyrwyr. Dw i'n gwybod bod y pwnc ddim yn hawdd, ond mae'ch myfyrwyr angen chi!

Mair Ydyn. Mae gynnoch chi bwynt da. Dw i bob tro'n meddwl mod i'n athrawes sâl[2].

Mr Puw Dw i'n gwybod.

Mair Chi'n gwybod? Sut?

Mr Puw Yndw!
Wnes i glywed chi o'r swyddfa drws nesa'!

headteacher	pennaeth
students	myfyrwyr
next door	drws nesa
maybe, perhaps	ella
not easy	ddim yn hawdd

1. We saw in story 21 that **dweud** (= *to say, to tell*) (or **d'eud / gweud**, depending on your dialect) links with the preposition **wrth**. So, **d'eud wrtho fo** means *'to tell him'* with **d'eud wrthoch chi** being the formal way of saying 'to tell you'.
2. While you're correcting in thinking **sâl** means *'sick'* or *'ill,'* it's commonly used to express *'poor [of form]'* too. **Roedd y gêm yn sâl iawn** = *The game was poor*. If you're wondering, *'poor [of wealth]'* is **tlawd**.
3. Ever noticed how double negatives intensify and emphasise in Welsh, but are frowned upon as cancelling each other out in English? No? Well, be prepared to have your mind blown! Check this out; **dydy o ddim yn gweld neb** translates literally to *'he doesn't see no one'*, but it equates to *'he doesn't see anyone.'* In fact, Welsh actually prefers to use double negatives, with a phrase like **dydy o ddim yn gweld unrhyw un** (**unrhyw un** = *anyone*) being understandable, if not a tad untidy. In this story, **does neb yn ateb** literally means *'there isn't no one answering.'*

PROBLEMAU CAR

Mae Owen ar y stryd. Mae o'n dod allan o'i gar. Mae Siôn yn cerdded ar y stryd ac mae o'n gweld Owen.

Siôn — Popeth yn iawn, Owen?
Ti'n edrych yn bryderus.

Owen — 'Wnes i fenthyg[1] y car 'ma gan ffrind, ond 'wneith[2] o ddim tanio.

Siôn — Hmmm. Mi fedra' i helpu ti!

Owen — Na. Mae'n iawn. Diolch, Siôn.

Siôn — Ond dw i'n gw'bod be' ydy'r broblem.

Owen — Siôn, dw i'n gw'bod ceir yn dda iawn.

Siôn — Iawn, ti 'di tanio[3]'r car?

Owen — Naddo. Dw i'n gwrando ar sŵn yr injan.

Siôn — Owen, car trydan ydy hwn.
Dydy o ddim i fod[4] i 'neud sŵn.
Dydy o ddim angen tanwydd[3] 'chwaith.

Owen — Ond...
Dw i 'di rhoi tanwydd yn y car yn barod.

Siôn — Be'? Lle?

Owen — Yna.

Siôn — O, na... Owen! Dyna'r gist!

worried, anxious	yn bryderus
from a friend	gan ffrind
cars	ceir
the sound of the engine	sŵn yr injan
[car's] boot, trunk	y gist

1. **Benthyg** is a nice one because it expressed both *'to borrow'* and *'to lend'*. This explains why many English speakers in Wales often mix up when to use *'borrow'* and *'lend'* in speech. Pesky Cymraeg, changing the way we use other languages! **Benthyciad** is *'a loan.'*
2. My guess is that I'm a little late to the part in introducing **wneith** now, but it's so important that it's always worth a recap. If you're want to say that he, she, or anyone *'will [do/make something]'*, you're going to want **wneith**. **Wneith o siarad** = *He will speak*, **Wneith hi fynd?** = *Will she go?*, **Wneith y bobl ddim dysgu** = *The people won't learn*. As a side note, it's so important to not confuse **wneith** (pronounced as [oo]-nay-th) with **wnaeth** (pronounced as [oo]-na-eeth) as **wnaeth** denotes the simple past tense; **wnaeth o siarad** = *he spoke*.
3. **Tanio** means *'to start [up]'* or *'to fire [up]'*... usually when referring to an engine or machine of some sort. Both this and **tanwydd** (= *fuel*), derive from **tân** (= *fire*).
4. **I fod [i]** translates literally as *'to be [to]'*, but it's our cool way of expressing *'supposed to (be).'* **O'n i i fod i siarad?** = *Was I supposed to speak?*

DIWRNOD 'SGOTA

Mae Ffion yn treulio[1] diwrnod yn pysgota efo'i thad.

Ffion Dw i'm yn licio 'sgota, dad!

Dad Pam?

Ffion Mae'n ddiflas ac mae'n oer!
'Den ni byth yn dal[2] dim byd!

Dad Ro'n i'n arfer mynd i 'sgota efo dy daid bob haf.

Ffion Do, wir?

Dad Roedd o'n wahanol pan roedd o'n 'sgota.

Ffion Gwahanol? Sut?

Dad Mi fasai o'n siarad lot.

Ffion Taid? Ond dydy o byth yn siarad fel arfer!
Am be' oedd o'n siarad?

Dad Am ei fywyd cyn symud i Gymru.
Doctor oedd o yn Iwerddon.
Ond roedd o isio bod yn ganwr opera.

Ffion Dw i'm yn credu ti!
Dad, wyt ti 'mond yn dod â[3] fi 'sgota er mwyn cael amser i siarad efo fi?

Dad Yndw. Ti'n byw mewn dinas arall rŵan.

'Den ni ddim yn cael siarad lot.

Ffion **Ond 'sdim rhaid i ni fynd 'sgota er mwyn siarad!**

Dad Na'dyn? Gwych...
Dw i'n meddwl bod 'sgota'n ddiflas hefyd!

absolutely nothing	dim byd
I used to go	arfer mynd
different	wahanol
get time [to]	cael amser i
we don't have to	'sdim rhaid i ni

1. **Treulio** means *'to spend'*, but only when referring to time. When we spend stuff such as money, we use **gwario**. These days, you'll hear **gwario amser** (= *to spend time*) now and then, but **treulio** is the one you want.
2. **Dal**, as seen in this story, means *'to catch,'* but it's also used to express *'to hold.'* It can also be used to express *'still'* as in continuing to do something. Depending on your dialect, it can be seen as **dw i <u>dal</u> yn dysgu** or **dw i'n <u>dal</u> i ddysgu** (both = *I'm <u>still</u> learning*). Watch out, because **tal** (= *tall*) will soft mutate to **dal**. Context is kind, remember!
3. **Dod â** is how we say *'to bring'* in Welsh, but it translates literally as *'to come with.'* To say *'to take [something somewhere]'* in Welsh, we use **mynd â**, literally *'to go with.'*

ANGLADD MOROL[1]

Mae Anwen yn gweld Mabon.
Mae o'n drist ofnadwy.

Anwen Mabon? Be' sy'n bod?

Mabon Mae Eurwen wedi marw!

Anwen Pysgodyn ti?

Mabon Ie! Roedd hi'n rhy ifanc i farw!

Anwen Mi fedra' i helpu.
Dw i'n gw'bod be' i 'neud.

Mae Anwen a Mabon yn codi Eurwen ac yn mynd i'r ystafell ymolchi.

Anwen Mi fedrwn ni gael angladd morol[1] iddi hi.
T'isio rhannu dy atgofion[2] o Eurwen?

Mabon Hmm... Ro'n i'n caru gwylio Eurwen yn nofio. Ac roedd hi'n caru gwylio fi'n b'yta. Ac roedd hi'n caru gwrando arna' i'n canu hefyd.

Anwen Roedd hwnna'n berffaith, Mabon.

Mae Eurwen yn dechrau nofio.

Mabon Eurwen!

Anwen Waw! Dydy Eurwen heb[3] farw.

Mabon Ond sut dw i'n mynd i nôl hi o'r toiled?

Anwen Dw i methu helpu ti efo hwnna. Sori.

funeral	angladd
too young	rhy ifanc
bathroom	ystafell ymolchi
perfect	perffaith
starts to swim	yn dechrau nofio

1. **Morol** (deriving from **môr** (= *sea*)) shares the same root as *'marine'* et al in English. **Angladd morol** is my own invention for *'a funeral/buried at sea.'*
2. **Atgofion** are *memories*, but the word derives from **cof** (= *memory*). Other terms stemming from this include **cofio** (= *to remember*), **atgof** (= *a memory*), and **atgoffa** (= *to remind*). **Mynd o'i gof/chof** means *'to go out of his/her mind.'* Some dialects also use **cof** to mean *'a recollection,'* e.g., **'sgen i ddim cof o hwnna** = *I've got no recollection of that*.
3. I love the term **heb** so much that I made a YouTube video on it a few years back. Essentially, it means *'without'* and, as a preposition, it causes a soft mutation; e.g., **te heb lefrith** = *tea without milk*. However, in modern times, it has been used to express **ddim wedi**, or, for the grammar geeks, the negative perfect tense. **Dw i ddim wedi bod** = *I haven't been*, but **dw i heb fod** (literally, *I am without being*) means exactly the same. In this story, **heb farw** (or **ddim wedi marw**) means *'hasn't died.'*

PITSA AM DDIM

Mae Megan yn cerdded ar y stryd.
Mae hi'n dechrau bwrw glaw.

Megan O, na!

Mae Megan yn mynd i mewn i adeilad mawr lle[1] mae llawer o swyddfeydd.
O fewn yr adeilad, mae hi'n gweld bocsys pitsa ar un o'r byrddau.

Megan Waw! Dyna lot o bitsa.
Dw i'm yn meddwl bydd neb yn meindio os dw i'n cymryd darn[2] bach...

Mae hi'n cymryd darn[2] o bitsa.

Dyn[3] Mae'r pitsa 'na i staff y swyddfa!

Megan Ond...

Dyn[3] O, ond... dw i'n 'nabod chi!
Mae'n ddrwg gen i. Esgusodwch fi.
Chi ydy cynorthwyydd Mrs Griffiths.

Megan Yrm, dw i...

Dyn[3] Rhaid i fi fynd 'nôl i'r gwaith.
Joiwch y pitsa!

Mae Megan yn cymryd darn[2] arall.
Wedyn, mae dynes[3] yn cyrraedd.

Dynes[3] Pitsa! Dw i'n llwgu[4]. Ydw i'n 'nabod chi?

Megan Na'dwyt. Megan 'dw i.

Dynes[3] Be' 'dech chi'n 'neud yn y cwmni, 'te?

Megan Dw i'n gynorthwyydd i Mrs Griffiths.

Dynes[3]	**Mae hwnna'n ddiddorol... Mrs Griffiths 'dw i ac 'dech chi ddim yn gynorthwyydd i fi!**
Megan	**O! Yrm... Rhaid i fi fynd. Braf cyfarfod chi!**

to walk	cerdded
a big building	adeilad mawr
no one	neb
assistant	synorthwyydd
nice to meet you	braf cyfarfod chi

1. By this point, explaining how some dialects of Welsh use **lle** instead of **ble** might be a tad patronising. Actually, **ble** is formed from **pa** (= *which*) and **lle** (= *place*). Whereas it's better in Welsh to use **ble** to ask questions, it's far more common to hear **lle** used when no question is being asked or as a link between two clauses. In this story's example we have, *"a large building where there are lots of offices."*
2. **Darn** equates to *'a piece.'* **Rhan** can also mean the same, but is probably better translated as *'a part.'* You may also hear **'sleis[en]'** (= *a slice*) too.
3. Anyone else think it's cool how **dyn** (= *man*) becomes *'woman'* simply by adding **-es** to the end of it? i.e., **Dynes** (= *a woman*). Nope, me neither! Other words for 'a woman' include **gwraig** and **benyw/menyw**.
4. **Llwgu** is the verb *'to famish,'* but it's commonly used nowadays to mean *'hungry.'* The actual phrase for *'I'm hungry'* is **mae eisiau bwyd arnaf** (literally, *there's a want [for/of] food on me*).

DIWEDDGLO RHYFEDD

Mae Siôn yn ymlacio ar y gwely. Mae o'n darllen llyfr. Mae'i wraig, Gwen, wrth ei ochr.

Gwen — Siôn, dw i 'di blino.
Wnei di ddiffodd[1] y golau, plîs?

Siôn — Dw i methu cysgu. Rhaid i fi orffen y llyfr 'ma! Mae 'na ddyn mewn awyren. Mae o'n teithio i weld ei wraig, ond mae 'na broblem efo'r awyren!

Gwen — Mi fedra' i dd'eud be' sy'n digwydd yn y diwedd wrtha' ti, ond wedyn, rhaid i ti ddiffodd[1] y golau.

Siôn — Ti'n gw'bod be' sy'n digwydd yn y diwedd? Plîs, duda[2] bob dim wrtha' i!

Gwen — Mae gwraig y dyn yn ysbryd.
Mae'r dyn yn mynd i farw ar yr awyren ac wedyn fedran nhw fod efo'i gilydd.

Siôn — Am ryfedd... Mi wna' i ddiffodd y golau rŵan, felly. Nos da.

Amser brecwast, mae Siôn yn siarad efo Gwen.

Siôn — Roedd y diweddglo 'na... yn rhyfedd iawn.

Gwen — Siôn, mi wnes i dd'eud c'lwyddau[3] wrtha' ti am y diweddglo.

Siôn **Be'?**

Gwen **Dw i ddim yn gw'bod be' sy'n digwydd ar ddiwedd y llyfr! Ro'n i jyst 'di[4] blino!**

to relax	ymlacio
I'm tired	dw i'di blino
in an aeroplane	mewn awyren
good night	nos da
lies	c'lwyddau

1. **Diffodd** actually means *'to extinguish,'* but it's used to mean *'turn off'* when discussing anything electrical. You'll hear the more literal '**troi'r golau i ffwrdd/off**' too.
2. **Duda** is the informal version of **dudwch** (= *say! / tell!*). In the south, you'll encounter **gweda** and **gwedwch**, with standard Welsh preferring **dyweda** and **ddywedwch**.
3. **C'lwydda(u)** is a common, north-western version of **celwyddau** (= *lies*). In north-eastern Welsh, **d'eud anwiredd** (= *to tell an untruth*) was formerly the norm. This word pops up in the next story too.
4. Ok, so the cheeky *'jyst'* aside, there's quite an interesting point to be made with the phrase **'ro'n i (we)di**.' Translated literally, we're saying *'I was past [doing something],'* which doesn't make a lot of sense. What it actually equates to in English is *'I had [done something]'* representing the pluperfect tense... if you're interested. So now we have '**dw i wedi bod**' (= *I have been*) and '**ro'n i wedi bod**' (= *I had been*).

FY HOFF FAND

Mae Anwen a Sioned yn y dosbarth.

Sioned Hei, Anwen? Fedri di helpu fi, plîs?

Anwen Dwmbo[1]. Helpu ti efo be'?

Sioned Dw i methu mynd i ymarfer[2] pêl-rwyd ar ôl ysgol heddiw. Wnei di dd'eud wrth y hyfforddwr mod i'n sâl?

Anwen Ond ti ddim yn sâl.

Sioned Yndw! Coff...
Mae gen i lythyr gan y meddyg. Sbïa.
Mae Sioned yn dangos y llythyr i Anwen.

Anwen Sioned. Dy 'sgrifen di ydy hwnna.

Sioned Na'di!

Anwen Sioned, paid d'eud c'lwyddau.

Sioned Iawn! Dw i'n mynd i weld y City Boys.
Nhw ydy[3] hoff fand fi!

Anwen Yrm, na, dw i methu helpu ti.

Sioned Dw i'n dallt...
Dydy o byth yn iawn i dd'eud c'lwyddau.

Anwen Na, dim dyna'r pwynt.
Dw i methu helpu ti achos mae'r City Boys wir yn ofnadwy.

can you help me?	fedri di helpu fi
the coach	hyfforddwr
handwriting	~ lsgrifen
to go to see	mynd i weld
really awful	wir yn ofnadwy

1. **Dwmbo**, pronounced 'dum-boh' – rather than rhyming with the name of a flying elephant – is the cool kids' equivalent of '*dunno*.' It's formed from '**dydw i ddim yn gwybod**'; I've underlined the parts of which that remained in **dwmbo**. Keen on not missing out, southerners might say **sai'mo** (pronounced sa-ee-moh), but you'll have to ask a native-speaking southern to explain the derivation of that one... it's bonkers!
2. **Ymarfer** can be both an adjective and a verb[al noun] in Welsh. In this instance, it's the noun '*practice*.' As a verb, it means both '*to practise*' and '*to exercise*.' There aren't many words in Welsh that can be both nouns and verbs at the same time. Some of these exclusive beauties include **dewis** (= *a choice, to choose*) and **newid** (= *[a] change, to change*).
3. So, what's the difference between **maen nhw hoff fand Sioned** and **nhw ydy hoff fand Sioned**? The answer is emphasis. Whereas English prefers a change of tone of voice (or use of italics when writing), Welsh places the part to emphasise at the beginning of a sentence/clause instead.

'STEDDA[1] LAWR

Mae Gwyn ac Owen ar y bws.

Gwyn Waw, dw i 'di blino'n lân[2].

Owen Dw i 'di blino'n lân[2] hefyd.

Gwyn 'Sdim ond un lle i ista[1] ar y bws 'ma!

Owen 'Stedda[1] di lawr. Ti'n hŷn na fi.

Gwyn Dw i ddim lot yn hŷn na thi!

Owen Ond mae gen' ti wallt llwyd.

Gwyn Mae gen' ti dipyn bach o wallt llwyd hefyd, 'sti[3]...

Owen Be'?!

Gwyn 'Stedda[1] di. Ti 'di blino.

Owen Mae gen i lwyth o egni, diolch! Dw i'n mynd i'r gampfa trwy'r amser!

Gwyn Ond heddiw ti 'di blino!

Owen 'Stedda[1] lawr, Gwyn.

Gwyn Na! 'Stedda[1] di lawr!

Mae bachgen yn dod ar y bws ac yn gweld y lle gwag.

Bachgen Cŵl, lle i mi ista!

really tired	wedi blino'n lân
on this bus	ar y bws 'ma
you've got (a/some)	gen' ti
lots of energy	lwyth o egni
an empty spot/ place	lle gwag

1. **'Stedda [di]** (= *[you] sit, [you] be seated*) would, in more standard Welsh, be seen as **eistedda**. The formal version of this is eisteddwch. In northern dialects, **eistedd** (= *to sit*) is often shortened to **ista**. Technically, Welsh doesn't require us to add the word **lawr** (= *down*) after **eistedd/ista**, but I've included it here as it's often used in colloquial speech.
2. If there's anyone reading this who doesn't know that **wedi blino** means *'tired'* or *'fatigued,'* anyone who's ever taught you has failed! To intensify the feeling of *fatigue*, we add **yn lân** (literally, *cleanly* or *purely*) after it; **wedi blino'n lân!** = *knackered!*
3. **'Sti[?]** – pronounced as 'stee' – is the shortened version of a **wyddost ti?** (= *did you know?*). Nowadays it can also express the tag, *'don't you know?'* or *'ya' know[?]'* and is pretty common in northern dialects. I remember visiting Aberystwyth University with a group of other prospective students before I ended up choosing to go there and the guy showing us around the halls of residence said **'sti** at the end of pretty much every sentence. As a learner at the time, I wondered for months 1) how he knew my name, and 2) why he kept directing everything he said just to me!

MAE AILGYCHU'N BWYSIG

Mae Mabon a Sioned ar y stryd tu allan i ble maen nhw'n byw. Mae Mabon yn helpu Sioned efo'i phrosiect celf.

Sioned Mae'r prosiect amdan[1] ailgylchu.

Mabon Mae ailgylchu'n bwysig!

Sioned Ond... dw i angen mwy o boteli plastig.

Mabon Mi fedra' i helpu ti!

Mae Mabon yn gadael. Wedyn, mae o'n dychwelyd efo bag mawr o boteli.

Sioned Waw! Diolch, Mabon!

Mabon Dim problem. 'Den ni'n helpu'r blaned!

Mae Owen, tad Mabon, yn cyrraedd. Mae gynno fo botel o sudd ffrwythau yn ei ddwylo.

Mabon Dad, dw i angen y botel 'na.

Mae Mabon yn cymryd y botel.

Owen Ond 'sdim mwy o boteli yn y ffrij! Dyna'r botel ola'[2]!

Mae Mabon yn gwagio'r botel ar y llawr. Mae o'n rhoi'r botel i Sioned.

Mabon	**Dyma botel arall i ti!**
Sioned	**Mabon, oedd 'na sudd ffrwythau yn y poteli 'ma?**
Mabon	**Oedd! Ond mi wnes i wagio nhw i gyd lawr y toiled.**
Sioned	**Pam wnest ti hwnna?**
Mabon	**Achos mae prosiect ti'n mynd i achub y blaned!**

to return	dychwelyd
to help the planet	helpu'r blaned
fruit juice	sudd ffrwythau
to empty	wagio
down the toilet	lawr y toiled

1. **Amdan** is a rather northern way of expressing the preposition **am** (= *about, for, at [a time]*). It's not as weird as you might think, though; **<u>amdan</u>o** = *about him*, **<u>amdan</u>i** = *about her*, **<u>amdan</u>och** = *about you*.
2. Earlier, I explained to you how superlatives are formed by adding **-af** to the end of words. This is no different with **olaf**, where **ôl** (= *hind, rear*) is transformed into '*hindmost*' or '*last*.' Cool, huh? Similarly, **cyntaf** (= *first*) is formed by smashing together **cyn** (= *before*) and **-af** to form '*[the] before-est-most thingy*'! As seen in this story, you'll often notice the final **-f** be dropped in speech.

Y GWAHANIAD[1]

Dydy Owen ddim yn teimlo'n dda iawn. Mae Mabon yn cyrraedd.

Mabon Dad? Be' sy'n bod?

Owen **Mae Siân wedi gwahanu[1] efo fi ac dw i ddim yn siŵr pam.**

Mabon Sef[2] eich cariad chi? Ro'n i'n hoffi hi lot.

Owen **A fi hefyd! Ac ro'n i'n meddwl bod hi'n caru fi. Roedd hi'n meddwl mod i'n bishyn.**

Mabon Wir?!

Owen **Oedd!**

Mabon Felly... pam mae hi 'di gwahanu[1] efo ti? Oeddech chi'n gwrando pan oedd hi'n siarad efo chi?

Owen **O'n, siŵr! Dw i'n gw'bod be' ydy hoff liw hi, be' ydy hoff ffilm hi...**
Dw i hyd yn oed[3] wedi cyfarfod teulu hi!

Mabon Felly... be' wnaeth ddigwydd?

Owen **Dw i ddim yn gw'bod... Roedden ni'n cael amser neis iawn neithiwr.**

Mabon Be' wnaethoch chi?

Owen **Wnes i baratoi cinio iddi hi!**

Mabon O, na...
Dw i'n meddwl mod i'n gw'bod pam mae hi wedi gwahanu[1] efo chi.

Owen **Pam?**

Mabon Dad, chi'n gw'bod mod i'n caru chi, ond... 'dech chi wir ddim yn gallu coginio.

I'm not sure why	dwi ddim yn siwr pam
favourite colour	hoff liw
what happened?	beth wnaeth ddigwydd
last night	neithiwr
to prepare	paratoi

1. **Gwahaniad** is *'a split'* or *'a separation,'* with the verb[al noun] being **gwahanu** (= *to split [up], to separate*). I use the noun in this story to express *'a breakup'* in a relationship. Both terms relate to **gwahanol** (= *different, various*). Other terms relating to **gwahanol** include **ar wahân [i]** (= *aside [from]*, apart [from]) and **gwahanglwyf** (= *leprosy*, literally *'separating wound*). For the grammar lovers, any term ending in **-iad** is masculine. I now await someone tweeting me (@CymraegDoctor) to inform me of a solitary exception!
2. Deriving from ***'ys ef'*** in 12th century Welsh, **sef** equates the Latin ***'id est'*** or ***'i.e.'*** Although the Latin term is rather rare in English these days, **sef**, however, is still pretty commonplace in Welsh in both speech and in writing.
3. **Hyd yn oed** is a great little phrase that means *'even'* or *'insofar as.'* Deriving from '**hyd onid y nod**' (loosely translating as *'until unless the aim'*... don't ask!), it's a lovely little phrase to throw into your language. Some examples of its use include; **dw i ddim hyd yn oed wedi cael brecwast eto** = *I haven't even had breakfast yet*, **wnaeth hi ddim hyd yn oed d'eud helô** = *she didn't even say hello.*

DIOLCH, MAM!

Mae Sioned yn agor anrheg gan ei mam.

Sioned Be' ydy hi?

Mam Agor hi! Mae'n sypreis!

Sioned Y siwmper wnaethon ni weld yn y siop. Diolch yn fawr iawn!

Mam Ro'n i'n gwybod bod ti'n licio hi.

Sioned Dw i'n caru hi! Diolch yn fawr!

Mam Dim problem. 'Mond y gorau i merch fi. Ac mae'r lliw glas yn edrych yn hyfryd arnat ti.

Sioned Mae hi mor neis! Dw i'n mynd i wisgo hi bob dydd. Ond...

Mam Be' sy'n bod?

Sioned 'Dech chi'n siŵr? Roedd hi'n ddrud iawn.

Mam Mi ges i hi yn y sêl.

Sioned O, gwych!

Mam Doedd hi ddim yn ddrud, felly, mi wnes i brynu pedair ohonyn nhw!

Sioned Pedair siwmper?

Mae mam Sioned yn estyn tair siwmper las arall.

Mam Mae hon i fi, mae honno i dy dad, ac mae'r llall[1] i dy frawd. Gwych, 'dydy?

Sioned **O...**

Mam Mi gawn ni wisgo siwmperi ni 'fory! Dw i mor gyffrous!

Sioned **Yrm...**

Mam Be' sy'n bod?

Sioned **Dw i'm yn meddwl mod i'n licio'r siwmper 'ma bellach[2]...**

it's a surprise	mae'n sypreis
I knew	ro'n i'n gwybod
it's so nice	mae hi mor neis
I'm so excited	dw i mor gyffrous
to think	meddwl

1. **Llall** was a word I always wished I was taught sooner. It essentially equates to '*the other [one]*' in English. The following phrase might show its use best: = **hwn/hon, hwnna/honna, a'r llall** = *this [one], that [one], and the other [one]*. Another use might include; **dw i ddim isio hwnna, dw i isio'r llall** = *I don't want that [one], I want the other [one]*.
2. **Bellach** comes from **pell** (= *far*) + **-ach**. Literally, it translates as '*further(more),*' but it's also used for '*any more*' or '*any longer.*' You'll just as often hear **dim mwy** (= *no/anymore*) these days, especially with younger speakers and learners.

TI'N MEDRU SIARAD?

Mae Anwen yn dod adre' ar ôl diwrnod o weithio yn y siop ddillad.

Anwen Dw i 'di blino'n lân. Doedd y cwsmeriaid ddim yn stopio siarad trwy'r dydd...

Mae hi'n eistedd ar y soffa. Mae'i chi, Cariad, yn dod i eistedd wrth ei hochr.

Cariad Anwen, dw i angen siarad efo ti.

Anwen Be'?!

Cariad Rhaid i bethau newid yn y tŷ 'ma.

Anwen Ti'n... ti'n medru siarad?

Cariad Dw i 'di cael llond bol[1] o fwyd i gŵn.

Anwen Dw i ddim yn dallt.

Cariad Ac dw i isio cysgu yn dy wely di. Mi gei di gysgu ar fy nghlustog[2] i.

Anwen Na!

Cariad Fasai'n well gen' ti[3] gysgu tu allan?

Anwen Be'?!

Mae Anwen yn deffro. Mae hi'n edrych ar Cariad sy'n cysgu wrth ei hochr. Mae hi'n chwerthin.

Anwen Dw i'n meddwl bod swydd fi'n 'neud i fi gael breuddwydion rhyfedd!

customers	cwsmeriaid
to come to sit	dod i eistedd
to change	newid
you may	gei di?
outside	tu allan

1. When learning any language, many idioms are overlooked, simply because there's usually far more important stuff to acquire first and they don't make a lot of sense either. **Llond bol**, however, is a nice one to know because it translates as *'a full belly [of]'* and, when used with '**dw i wedi cael ~**' means *'I've had enough of...'*.
2. I just love how the word **clustog** (= *pillow, cushion*) includes the word for the part of the anatomy that many people place on it... **clust** (= *ear*).
3. There's a good chance you've come across the phrase '**mae'n well gen i**' (= *I prefer [to]*) already. One of the ways I used to remind myself of how to say it was by breaking the phrase down literally; it's better with me. This helped me massively when I wanted to say, for example, *'she prefers [to]'* because I knew I needed to say *'it's better with her*' and not write stuff like '**mae hi'n well gen i**' (which actually translates to *'she's my preference'*! Moving to other tenses became much easier then, too. In this story, **fasai'n well gen' ti?** translates literally as *'would it be better with you [to]?'* or *'would you prefer [to]?'*

CAMPIO[1]

Mae Siôn a'i wraig, Gwen, yn campio[1], Maen nhw yn eu pabell nhw.

Gwen Dw i isio edrych ar e-byst fi...

Siôn Mi wnaethon ni gytuno bod ni ddim yn mynd i iwsio[2] ffonau nhw wrth gampio[1].

Gwen Mae gen' ti bwynt.
Rhaid i ni werthfawrogi[3] natur...

Siôn Gawn ni fwyd rŵan? Dw i'n llwgu!

Gwen Yrm... 'mond dau afal sy' gynnon.
Mi wnaethon ni f'yta gormod am ginio.

Siôn O, na! Ac mae'r siopau i gyd wedi cau.

Gwen Ella bod o'n syniad drwg i ddod campio[1]...

Wedyn, mae Siôn yn clywed sŵn tu allan i'r babell.

Siôn Gwen, wnest ti glywed hwnna?

Gwen Naddo, be'?!

Siôn Ella mai blaidd oedd o!
Ydy bleiddiau'n hoffi afalau?

Gwen Dw i'n mynd i sbïo tu allan.

Siôn Cym' ofal! Ti'n gweld unrhyw beth?

Gwen O... mae'n dywyll iawn. Dw i methu gweld dim byd! Aros! Dw i'n gweld rhywbeth yn agos i'r babell!

Siôn Be' ydy o?!

Gwen	Dw i'n meddwl mai... person ydy o?! Ac mae gynno fo bitsa i ni!
Siôn	**Wir?**
Gwen	Ie, mae'r bobl yn y babell arall wedi ordro pitsa.
	Mae Gwen yn estyn ei ffôn o'i phoced.
Siôn	**Gwen?! Chei di ddim iwsio[2] ffôn ti!**
	Mae Gwen yn dechrau siarad ar y ffôn.
Gwen	Noswaith dda, ga' i ordro pitsa?!
Siôn	**Ti i fod i dd'eud *dau* bitsa!**

to agree	cytuno
wolves	bleiddiau
wait!	aros!
the other tent	y babell arall
supposed to say	fod i ddweud

1. **Campio** is the word for *'to camp'* when you speak lazy Welsh like me. **Gwersylla** is the standard term. **Gwersyll** is *'a camp.'*
2. Ooops, here's another verb that's often lifted straight from English. Strictly speaking, **defnyddio** means *'to use,'* but you'll definitely hear **iwsio** on your travels.
3. I only decided to include **gwerthfawrogi** (= *to appreciate*) because it's such a cool word. **Gwerth** means *'value,'* **gwerthfawr** means *'valuable,'* and **gwerthfawrogi** is the verb we use to express that we *recognise the value of* something.

CYSGU YN DY DŶ

Mae cariad Ffion, Bryn, wedi dod i'w gweld hi am y penwythnos.

Bryn Dyma'r noson gynta' i mi aros yn dy dŷ di! Mae'n gyffrous iawn!

Ffion Yndi. Mi gawn ni benwsos wych.

Bryn Mi fydd o fel bod ni'n byw efo'n gilydd[1]! 'Den ni'n mynd i ddod i 'nabod ein gilydd gymaint gwell.

Ffion Be'?! Dw i ddim yn barod i fyw efo neb!

Bryn Ffion, mae popeth yn iawn. Jôc oedd o. Ga' i gysgu ar y chwith?

Ffion Fel arfer dw i'n cysgu ar y chwith, ond mae'n iawn...

Bryn Ga' i gau'r llenni? Dw i ddim isio i'r haul fy neffro i yn y bore.

Ffion Iawn, ond dw i'n deffro efo'r haul bob bore.

Bryn A ga' i dynnu'r llun lawr o'r wal?

Ffion Pam? Dw i'n caru o. Fy ffrind wnaeth o.

Bryn Mae gen i ofn pan dw i'n ei weld o. Dw i ddim yn mynd i allu cysgu.

Ffion Iawn. Be' bynnag[2].

Mae Ffion yn tynnu'r llun oddi ar y wal.

Bryn O, na! Dw i 'di anghofio brws dannedd fi. Ga ' i iwsio brws ti?

Ffion **Brws dannedd fi? Dim siawns!**

Bryn **Ti'n gweld!**
'Den ni'n dod i 'nabod ein gilydd[1] yn well!

Ffion **Ydyn... gyda llaw, ti'n mynd i gysgu mewn gwesty.**

a great weekend	* penwsos wych
[so] much better	gymaint well
to close the curtains	cau'r llenni
toothbrush	brws dannedd
in a hotel	mewn gwesty

1. Expressing *'together'* isn't too simple in Welsh. When teaching learners, I often encourage them to instead think of the phrase as *'with each other'* or *'with our/themselves'* as the Welsh phrase mirrors this more closely. **Efo'n gilydd** (from **efo ein gilydd** = with ourselves) and efo'i gilydd (from **efo eu* gilydd** = with themselves) both express *'together'*. *Many native speakers incorrectly write ***efo'u gilydd***. For the southerners, don't forget that **efo** is wholly interchangeable with **gyda**.
2. **Be' bynnag** is how we express *'whatever'*; **Dw i isio be' bynnag mae o'n cael** = *I want whatever he's having*. Other terms using **bynnag** include; **pryd bynnag** (= *whenever*), **pwy bynnag** (= *whoever*), **pa [____] bynnag** (= *whichever* [____]), and finally **sut bynnag** = *howsoever*, which is not to be confused with **fodd bynnag** = *however*.

DAU DOCYN[1]

	Mae Anwen a Sioned yn cyrraedd y sinema. Mae hogyn o'u hysgol yn gweithio yno.
Sioned	Hei, Osian. Dau docyn i 'Y Môr o Waed', plîs!
Osian	Na, 'dech chi'n rhy ifanc i weld y ffilm 'na.
Anwen	Ond ti bob tro'n gwerthu tocynnau am ffilmiau fel 'na!
Osian	A 'dech chi'n cario coffi hefyd. Fedrwch chi ddim dod mewn efo rheina[2].
	Mae Anwen yn rhoi'r coffi yn y bin.
Sioned	Hei, coffi fi! Roedd 'na flas siocled yn hwnna...
Anwen	Sori
Osian	'Dech chi methu cael tocynnau bob tro.
Anwen	Pam?
Osian	Achos 'dech chi bob tro'n siarad yn ystod y ffilmiau.
Sioned	Pam ti'n 'neud hyn, Osian? 'Den ni'n ffrindiau, 'dydyn?
Osian	Ydyn ni? Felly, pam dw i ddim yn cael[3] chwarae efo band chi yn yr ysgol?
Sioned	Pa fand?

Osian	Wnes i glywed chi'n d'eud bod chi 'di dechrau band newydd.
Anwen	Iawn. 'Den ni angen rhywun i chwarae gitâr i ni!
Osian	Gwych! Pryd mae'r ymarfer nesa'?
Anwen	'Fory ar ôl ysgol.
Sioned	Gawn ni'n tocynnau ar gyfer 'Y Môr o Waed' rŵan, felly?
Osian	Cewch, ond 'fory. Ar ôl ymarfer cynta' ni.

from their school	o'u hysgol
to sell	gwerthu
during	ynystod
which?	pa
after	ar ol

1. My word, it was so difficult to not call this story '**Dau Diced**.' See the notes for story 13 to remind you as to why. Sorry, not sorry!
2. **Rheina** derives from **y rhai (y)na** (literally, *the some there*). You'll likely hear some dialects say this is either '**rheine**' or '**rheiny**' too.
3. You may recognise **cael** as '*to get*', but it can also suggest '*to be allowed [to]*'. In this story, **pam dw i ddim yn cael?** translates literally as '*why am I not getting/allowed to?*'. **Ga' i?** (= *May I [have]?*) – itself deriving from **cael** – actually means '*Am I allowed to [have]?*'.

TI'N HENEIDDIO[1]

Mae Ffion yn y gampfa efo'i ffrind, Owen. Mae hi'n dechrau ymarfer corff, ond mae'i phen-glin yn gwneud sŵn rhyfedd.

Ffion Be' oedd hwnna?

Owen Ffion?! Ti'n iawn?

Ffion Wnaeth pen-glin fi sŵn rhyfedd!

Owen Dyna achos ti'n heneiddio[1].

Ffion Owen, dw i ddim yn dri deg oed eto!

Owen Mae popeth yn iawn! Wna' i ddangos ambell i ymarfer i gryfhau[2] dy ben-glin.
Mae Owen yn dangos ymarfer i Ffion.

Ffion Gwych! Ond rŵan mae cefn fi'n brifo.

Owen Dyna achos ti'n heneiddio[1] hefyd.

Ffion Be'? Wir?

Owen Paid â phoeni! Wna' i ddangos ymarfer arall i dy gefn di.
Mae Owen yn dangos ymarfer arall.

Ffion Diolch, Owen!

Owen Dim problem!

Ffion Wnei di ddangos yr ymarfer ar gyfer pen-glin fi unwaith eto?

Owen **Ti ddim yn cofio?**
Dw i newydd ddangos i ti.

Ffion **Dw i 'di anghofio... Ti'n meddwl mai[3] dyna achos dw i'n heneiddio[1] hefyd?**

Owen **Ello, ond dw i ddim yn gw'bod unrhyw ymarferion i gryfau[2] dy feddwl di.**

gym	gampfa
a weird sound	sŵn rhyfedd
to hurt	brifo
another exercise	ymarfer arall
your brain/mind	dy feddwl di

1. **Heneiddio** (= *to get old*) can also be expressed as **mynd yn hen**. Notice how **mynd yn** means '*getting*' in Welsh; **mae hi'n oeri** & **mae hi'n mynd yn oer** = *it's getting cold*.
2. **Cryfhau** (= *to strengthen*) derives from **cryf** (= *strong*). You'll see the **-hau** ending in other verbs such as **mwynhau** (= *to enjoy*) and **lleihau** (= *to lessen, to reduce*).
3. **Mai** – also seen/heard as **taw** in southern dialects – is the emphatic way of expressing '*that*' in Welsh. It can confuse some learners because it's pronounced exactly the same as '**mae**.' We'll use it when we want to emphasise a certain part of a sentence; e.g., **dw i'n meddwl bod Cymru'n wych** *(= I think that Wales is great*) vs **dw i'n meddwl mai Cymru sy'n wych** (= *I think that [it's] Wales that's great*).

BLWYDDYN NEWYDD, FFION NEWYDD

Mae Ffion a Megan mewn parti Nos Galan[1].

Megan Ti'n ffansïo gwydraid arall o win?

Ffion Iawn, ond ar ôl hwnna, dw i'm isio mwy. Eleni, dw i'n stopio yfed!

Megan Wir?

Ffion Dw i'n mynd i stopio watsio[2]'r teli hefyd. Ac dw i'n mynd i 'neud yoga bob dydd, a chyfarfod mwy o bobl newydd! Blwyddyn newydd, Ffion newydd!

Megan Felly, byddwn ni'n treulio llai o amser efo'n gilydd o hyn ymlaen[3]?

Ffion Pam ti'n d'eud hwnna?

Megan Dw i'n hoffi watsio[2]'r teli... ac dw i'n casáu yoga. Pam ti'n gor'o newid y pethau 'na?

Ffion Megan, dim dyna ydy o...

Mae hogyn ciwt yn dod tuag atyn nhw.

Megan Rhaid i ti siarad efo hwn[4]. Wnest ti dd'eud bod ti isio cyfarfod mwy o bobl, do?

Mae Megan yn gadael y parti.

Hogyn Iawn? T'isio rhywbeth i yfed?

Ffion Yrm... a d'eud y gwir, dw i'n meddwl mod i isio treulio mwy o amser efo ffrind fi.

Mae Ffion yn rhedeg ar ôl Megan.

Ffion Megan! Dw i'm isio bod yn wahanol eleni. Roedd llynedd yn wych ac dw i 'di cael amser bendigedig efo ti!

Megan Wff, diolch byth... dw i methu cael ffrind sy' ddim yn hoffi watsio[2]'r teli!

a glass of wine	gwydraid o win
every day	bob dydd
we'll be	byddwn ni
to change	newid
more time	mwy o amser

1. **Nos Galan** translates literally as *'the night of the first day,'* but it refers to *New Year's Eve* in Welsh. Fun fact, the word **Calan** (= *the first day [of the month]*) and *calendar* both share the same Latin root-word.
2. **Watshio** is a common trade-up for **gwylio** (= *to watch*) in the north. Not to be confused with **witsio/witsiad** instead of **aros**, (= *to stay, to wait*).
3. **O hyn ymlaen** translates literally as *'from this forwards,'* but we just use it to mean *'from now on.'*
4. Although **fo/fe** (depending on your dialect) are used for *'him,'* when referring to people, **hwn** (= *this one*) is often used; **dw i'n 'nabod hwn** = *I know him.*

MYND I RUFAIN

Mae Sioned yn cerdded tuag at Anwen.

Sioned Anwen, mae gen i broblem!

Anwen Sioned, am y tro ola', dydy o ddim yn ddiwedd y byd os dim ti ydy'r gorau yn y dosbarth.

Sioned Dim dyna ydy o. Dw i'n meddwl bod Enzo mewn cariad efo fi.

Anwen Enzo? Y stiwdant o'r Eidal?

Sioned Ie, dw i'n meddwl fod o'n mynd i ofyn i fi fynd i Rufain efo fo.

Anwen Wir?

Sioned Ac dw i'n meddwl fod o isio priodi fi! 'Den ni'n mynd i gael fflat efo golygfa wych o'r Coliseum. A sgŵter! A chath[1] hefyd!

Anwen Waw, ti 'di planio pob dim.

Sioned Ond rŵan, rhaid i fi dd'eud wrth fy rhieni...

Anwen Sioned... pam ti'n meddwl fod Enzo isio byw efo ti?

Sioned Mae o'n d'eud llawer o bethau rhamantus wrtha' i...

Anwen Ydy o?

Sioned Yndi. Wnaeth o ofyn os dw i'n hoffi Rhufain ac os dw i'n hoffi cathod. Hefyd, mae o'n gofyn am fy nheulu!

Anwen Sioned... dw i'n meddwl bod Enzo'n d'eud yr un peth wrth bawb yn y dosbarth.

Sioned Be'?

Anwen Dyna'r cwestiynau yn ei lyfr. Mae o jyst isio ymarfer ei Gymraeg o.

towards	tuag at
to ask	gofyn
my parents	fy rhieni
romantic things	pethau rhamantus
to practise	ymarfer

1. A little-known mutation that happens in Welsh is after **a** (= *and*). You're likely aware that **ac** precedes any word beginning with a vowel and/or before terms deriving from **bod** (= *to be*) – e.g., **oren ac afal** (= *an orange and an apple*), **dw i'n oer ac mae hi'n oer** (= *I'm cold and she's cold*) – but we should also be performing an aspirate mutation after **a. Ci a chath** (= *a dog and a cat*), **arian a phres** (= *silver and brass*), **bwthin a thŷ** (= *a cottage and a house*). The aspirate mutation also happens after **ei** (= *her*) – **ei chariad, ei thaith, a'i phensiwn** (= *her beloved, her journey, and her pension*), as well as when verbs are negative; e.g., **ces i** (= *I had, I got*) vs **ches i ddim** (= *I didn't have, I didn't get*), **prynes i** (= *I bought*) vs **phrynes i ddim** (= *I didn't buy*), **tala' i'r biliau** (= *I'll pay the bills*) vs **thala' mo'r biliau** (= *I won't pay the bills*).

AIL DDÊT

Mae Ffion a Bryn yn gadael y bwyty ar ôl eu cinio nhw.

Bryn	Gawn ni ginio efo'n gilydd nos 'fory?
Ffion	**Na chawn. Roedd y dêt 'ma'n ofnadwy.**
Bryn	Ond pam?
Ffion	**Ti heb stopio siarad am dy hun... Ti heb hyd yn oed trïo gofyn amdana' i!**
Bryn	Roeddet ti'n treulio llwyth o amser ar dy ffôn, dyna pam[1]!
Ffion	**O'n, achos ro'n i'n anfon neges at fy ffrind. Mae hi'n gwarchod ci fi heno.**
Bryn	Mae gen ti gi? Do'n i ddim yn gw'bod!
Ffion	**Achos wnest ti ddim gofyn.**
Bryn	Sori, dw i'n siarad gormod pan dw i'n stresio[2].
Ffion	**Hmmm...**
Bryn	Ta waeth, dw i'n caru cŵn. Mae gen i ddau gi.
Ffion	**O, wir?**
Bryn	Celt a Cadi ydy enwau nhw. Mae Celt yn caru pobl, ond mae Cadi yn swil. Maen nhw'n caru chwarae yn y parc ac... Sori, dw i'n siarad gormod eto.
Ffion	**Wyt, ond dw i ddim yn meindio. Dw i'n caru siarad am fy nghi hefyd.**

Bryn Ella[3] geith cŵn ni chwarae efo'i gilydd yn y parc...?

Ffion Syniad gwych!

Bryn Hmm... Swnio'n berffaith am ail ddêt!

Ffion Yrm, na! Dw i ddim isio ail ddêt. Ond dw i'n hapus i'r cŵn chwarae efo'i gilydd!

restaurant	bwyty
haven't stopped	heb stopio
to speak too much	siarad gormod
shy	swil
to play together	chwarae efo'i gilydd

1. Not too much to write home about here. **Dyna pam** is pretty much a direct translation into *'that's why'*, I just thought it was a cool phrase to know. You can use it to start a whole sentence too; **dyna pam dw i methu chwarae heno** = *that's why I can't play tonight*. Swap out **dyna** for **dyma** and you're left with *'this is why'* – **dyma pam wna' i byth helpu neb** = *this is why I'll never help anyone*.
2. **Stresio** is lifted from English *'to stress.'* In standard Welsh you'll likely encounter **teimlo straen** (= *to feel stress*) and **bod dan straen** (= *to be under stress*).
3. A few ways to express *'maybe'* or *'perhaps'* include **ella**, **ŵrach**, **falle**, **ŵlle**, and **efallai** (standard), which derives from **ef a allai** (= *he/it that/which could*).

WNEWCH CHI DYNNU FY LLUN?

Mae Sioned yn gweld ei hathro celf, Mr Puw, yn gadael ei ddosbarth.

Sioned Wnewch chi dynnu fy llun, plîs?

Mr Puw Yrm... Pam?

Sioned Ar gyfer ymchwil cymdeithasol[1].

Mr Puw Dw i'n hwyr ar gyfer cyfarfod efo'r athrawon eraill.

Sioned Plîîîs!

Mr Puw Hmmm, iawn.

Sioned Diolch. Dyma fy ffôn.

Mr Puw Iawn.

Sioned Arhoswch! Efo neu heb fy mag?

Mr Puw Dw i ddim yn gwybod.

Sioned Iawn, iawn. Efo'r bag.

Mr Puw Gwych.

Sioned Arhoswch! O flaen neu wrth ymyl y drws?

Mr Puw O flaen y drws.

Sioned Wrth ymyl. Hwnna ydy'r gorau.

Mr Puw Sioned!

Sioned **Iawn, sori! Tynnwch y llun!**

Mae Mr Puw yn tynnu'r llun.

Sioned **Diolch!**
Ond… Dyma lun ohonoch *chi*!
Ro'n i isio llun ohona' i!
O, na! Mae o'n gyhoeddus[2]?!

Mr Puw **Ŵŵŵps.**

Sioned **O, edrychwch! Mae pum deg o bobl yn licio'r llun yn barod!**

her teacher	ei hathro
his class[room]	ei ddosbarth
I'm late	dw i'n hwyr
with or without	efo neu heb
I wanted [I was wanting]	ro'n i'n isio

1. **Ymwchil** derives from **chwilio** (= *to search*) and is one of the words which, depending on your dialect, can be either masculine or feminine. I've gone for masculine here because that's how I use it. **Cymdeithas** means *'society,'* so **cymdeithasol** becomes the adjective, *social*. All in all, **ymchwil cymdeithasol** is *'social research.'*
2. **Cyhoeddus** means *'public,'* you may have seen "**llwybr cyhoeddus**" (= *public [foot]path*) on your travels. Other similar terms include **[y] cyhoedd** (= *[the] public*), **cyhoeddwyr** (= *publishers*) and **cyhoeddu** is the verb *'to make [something] public, to publicise*, or *to publish*.'

Y LLYTHYR

Mae Sioned yn cerdded heibio[1] i'r llyfrgell.

Sioned — Gawn ni fynd i mewn? Dw i'n caru llyfrau.

Anwen — Dyma pan 'den ni'n ffrindiau.

Mae'r merched yn cerdded i mewn i'r llyfrgell. Mae Sioned yn estyn llyfr a'i agor.

Sioned — Anwen! Mae 'na hen lythyr yn y llyfr 'ma!

Anwen — Be' sy' 'di cael ei[2] sgwennu?

Sioned — Mae dyn o'r enw Dafydd 'di sgwennu at ei ffrind, Lisa. Mae o isio cyngor ganddi.

Anwen — Pam?

Sioned — Mae o'n caru dwy ferch, Catrin a Seren. Mae Catrin yn glyfar iawn, ond mae Seren yn ddoniol dros ben. Dydy o ddim yn gw'bod pa ferch mae o isio priodi!

Anwen — Gobeithio wnaeth o aros yn sengl!

Sioned — Sut wnaeth Lisa ymateb?!
Dw i isio gw'bod!

Mae'r ddynes sy'n gweithio yn y llyfrgell yn dod i siarad efo'r merched.

Dynes — O, mae'r llyfr 'na'n dda iawn!
Llyfr fy ngŵr oedd o. Yn anffodus, dydy o ddim efo ni bellach...

Sioned — Mae'n ddrwg gen i glywed hwnna.

Anwen — Enw eich gŵr oedd Dafydd?

Dynes **Oedd!**

Sioned **Waw! Felly ai Catrin neu Seren 'dech chi?**

Mae'r ddynes yn gwenu.

Dynes **Fi? Lisa 'dw i.**

to the library	i'r llyfrgell
and opens it	a'i agor
advice	cyngor
I want to know	dw i'n isio gw'bod
to smile	gwenu

1. **Heibio [i]** equates to *'to pass [by] [something].'*
2. **Cael** alone means *'to get (to)'*, but when linked with a possessive pronoun we form the passive in Welsh. I could spend pages explaining it, so I'll give a brief overview using examples. First off, instead of thinking what's *being done*, think about it as what's *getting done*. **Dw i'n cael fy ngweld** > *I'm getting my seeing* > *I'm getting seen / I'm being seen*, **Mae hi'n cael ei gweld** > *She is getting her seeing* > *She's getting seen / She's being seen*, **Maen nhw'n cael eu gweld** > *They're getting their seeing* > *They're getting seen / They're being seen*. In the example in this story, we see "**be' sy' (we)di cael ei sgwennu?**" which translates literally as "*what is it that has had its writing*"... or, in better English, "*what is it that has gotten/been written?*" I hope that short explanation helps a little.

RHY GYFLYM

	Mae Ffion a Megan yn y parc.
	Maen nhw wrthi'n rhedeg.
Ffion	Megan, rheda'n gyflymach!
Megan	Dw i isio diod, ac mae coesau fi'n brifo!
Ffion	Mae hwnna achos ti byth yn rhedeg.
	Mi fedri di 'neud o! Amdani[1]!
Megan	Pryd awn ni adre'?
Ffion	'Mond un filltir! 'Den ni bron yna!
Megan	Un filltir?!
	Mae Megan yn trïo rhedeg yn gyflymach ond mae hi'n syrthio[2].
Megan	Aaaaa, coes fi!
	Nes ymlaen[3], mae Ffion a Megan yn yr ysbyty.
Megan	Ro'n i'n rhedeg ac mi wnes i syrthio[2].
Doctor	Oeddech chi'n rhedeg yn rhy gyflym?
Ffion	Nag oedd, Doctor.
	Dydy hi byth yn rhedeg yn gyflym.
Megan	Ro'n i'n trïo rhedeg mor gyflym â ti, Ffion!
Doctor	Wel, rhedwch yn arafach tro nesa'.
Ffion	Rhedwch yn arafach?
	Dydy hwnna ddim yn bosibl!
Megan	Ella dydy o ddim yn syniad da i ni redeg!
Doctor	Na, mi gewch chi redeg...
	Ond dim efo'ch ffrind chi!

to run	rhedeg
legs	coesau
nearly there	bron yna
slower	arafach
a good idea	syniad da

1. **Amdani** translates literally as *'about/around her,'* but it's commonly used to motivationally express *'let's do this!'* or *'go for it!'* You may also encounter **amdani** after certain terms to suggest what one intends to *'go for'* or *'do'*; **y pêl-droed amdani!** (= *let's [go to] the football!*), **dysgu Cymraeg amdani!** (*let's learn Welsh!*).
2. **Syrthio** means *'to fall.'* You'll also encounter **disgyn** (= *to descend, to topple*). Although **gollwng** strictly means *'to drop,'* it can also be used to suggest *'falling'* on certain occasions. If you fancy using awful Welsh – like me – you can use **dropio** for *'to drop'* too.
3. **Nes ymlaen** translates literally as *'to close [in on] forwards,'* but it's used to suggest *'later on.'* **Yn ddiweddarac**h can also be used here, but this strictly suggests simply *'later.'* **Wedyn** is a great term; partially because it's so versatile, but largely because it can mean *'later,' 'later on,' 'after,' 'afterwards,'* and the adverb *'then.'* Come to think of it… why didn't I use **wedyn** here?!

MAE GEN I FLEWYN[1] GWYN!

Mae Angharad a'i gŵr, Steffan, yn y 'stafell ymolchi. Maen nhw'n paratoi mynd allan am y noson.

Angharad O, na!
Steffan Be' sy'n bod?
Angharad Mae gen i flewyn[1] gwyn!
Steffan Dy flewyn[1] gwyn cynta'! Llongyfarchiadau!
Angharad Dydy o ddim yn ddoniol.
Steffan Sori... ond dydy o ddim yn beth drwg. 'Mond blewyn[1] gwyn ydy o.
Angharad Dw i'n mynd i liwio[2] gwallt fi!
Steffan Ti'n siŵr?
Angharad Yndw, dw i'm yn barod i gael gwallt gwyn. Dw i'n rhy ifanc!
Steffan Mae 'na lwyth o bobl ifanc efo gwallt gwyn. Mi fyddi di'n brydferth pan mae gwallt ti'n wyn i gyd.
Angharad Gwallt fi *i gyd*?!
Steffan Dim rŵan... mewn deg neu ugain o flynyddoedd.
Angharad Ti'n gweld? Mae gwallt gwyn i hen bobl!

Steffan	Angharad... 'sdim byd yn bod efo mynd yn hen. Mae pawb yn heneiddio.
Angharad	**Yndyn, dw i'n gw'bod...**
Steffan	Ac mi gawn ni fynd yn hen efo'n gilydd. Dw i'n mynd i dy garu di am byth.
Angharad	**Fi hefyd. Am byth bythoedd[3].** **Ac mi fyddi di'n edrych yn ciwt heb wallt!**
Steffan	Be'?
Angharad	**Un diwrnod, mi wnei di golli dy wallt di.** **Mae pawb yn heneiddio.**
Steffan	O, na...!

bathroom	ystafell ymolchi
congratulations!	llongyfarchiadau
beautiful	brydferth
old people	hen bobl
to lose	colli

1. **Blewyn** is *'a [single] hair'*. Where Welsh uses **gwallt** (= *[the] hair [of the head]*, Cornish and Breton use ***blew*** and ***blev*** respectively. **Blew** equates more to *'fluff'* or *'fur'* in Welsh, with **blewog** meaning *'hairy,' 'fluffy,'* or *'furry.'*
2. I'm guessing you're accustomed to seeing **lliw** (= *colour*), well **lliwio** means *'to colour,'* or, as in this case, *'to dye.'*
3. **Byth bythoedd** is how we say *'forever and ever'* in Welsh. **Am byth** alone means *'forever.'*

FFROG BINC

Mae Anwen mewn siop efo'i mam sy'n chwilio am ffrog binc.

Anwen: Oes rhaid i ni fynd i briodas Anti[1] Elsi?

Mam: **Oes! O'r diwedd mae hi'n priodi!**

Anwen: Ond dw i'n casáu'r lliw pinc...
Ac dw i'n casáu gwisgo ffrogiau hefyd.

Mam: **Dw i'n gw'bod, ond rhaid i bawb sy'n mynd i'r briodas wisgo siwt ddu neu ffrog binc.**

Mae mam Anwen yn dangos ffrog binc fach iddi hi.

Mam: **Be' ti'n feddwl o honna?**

Anwen: Rhy fyr.

Mam: **Iawn. A honna? Mae'n hirach na'r llall.**

Anwen: Efo plu arni? Dw i'm isio edrych fel aderyn! Mae hyn yn dwp. Dw i ond yn mynd i wisgo'r ffrog 'ma unwaith.

Mam: **Ond mae'n bwysig iawn i dy fodryb[1].**

Anwen: Chi ddim yn meddwl mod i'n ddigon[2] del fel ydw i?

Mam: **Dim hwnna ydy o. Dw i jyst yn chwilio am ffrog gyffyrddus[3] i ti. Awn ni i siop arall.**

Anwen: Mam, arhoswch! Wnaethoch chi dd'eud bod rhaid gwisgo siwt ddu neu ffrog binc?

Mae Anwen yn ffeindio siwt fach ddu.

Anwen: Chi'n casáu hon, 'dydych?

Mam: **D'eud y gwir, dw i'n meddwl fod o'n hyfryd!**

to search for	chwilio
dresses	ffrogiau
to show	dangos
very important	bwysig iawn
don't you?	'dydych ?

1. **Anti** is commonly used in Welsh for *'aunt[ie],'* but the standard term is **modryb**. You'll likely hear both in speech, with **anti** used before personal names, and **modryb** used when referring to *'an aunt[ie].'* In north-eastern Welsh – especially in Rhosllanerchrugog – **dodo** used to be heard/said too, but this seems to have died out in recent years.
2. You've likely come across **digon** for *'enough*, or *'plenty.'* A quick note on this is that, when referring to having *'enough'* of an item, Welsh always adds an '**o**' (= *of*) after it. When **digon** ends a clause or sentence, the '**o**' is not included; **mae gen i ddigon o sglodion** = *I have enough/plenty [of] chips* vs **mae gen i ddigon** = *I have enough/plenty*. In this story, we see "**digon del**" which translates to *'pretty enough.'*
3. Ever seen *'comfortable'* expressed as **cyfforddus** too? Both are wholly acceptable in all forms of Welsh. I've gone for **cyffyrddus** here because (I think) that's what I say. As a side note, **cyffwrdd** is the verb *'to touch.'* Makes sense when you think about it.

Y LIFFT

Mae Megan a Ffion mewn lifft. Yn sydyn, mae'r lifft yn gwneud sŵn rhyfedd.

Megan Wnest ti glywed hwnna?

Ffion Do. Do'n i ddim yn licio'r sŵn 'na.

Megan Dydy rhywbeth ddim yn iawn!

Ffion O, na! Mae'r lifft ar fin[1] syrthio!

Megan Mi fydd popeth yn iawn. Mae o wedi stopio bellach.

Ffion Dw i'm isio marw...

Megan Aaaa! Mae'r lifft yn syrthio eto!

Ffion Dw i'n rhy ifanc i farw!

Megan Mae gen i lwyth o bethau dw i isio 'neud yn fy mywyd!

Ffion Dw i isio cerdded i gopa[2]'r Wyddfa!

Megan Dw i isio curo[3] hanner marathon Caerdydd!

Ffion Dw i isio dysgu siarad Ffrangeg!

Megan Dw i isio dysgu cath fi i ddreifio!

Ffion Aros, ti'n clywed hwnna?

Megan O, na! 'Den ni'n mynd i syrthio eto!

Wedyn, mae 'na sŵn uchel.
Mae'r lifft yn stopio.

Ffion Aros!

Megan Mae'r drysau'n agor! Mae popeth yn iawn!

Ffion Diolch byth[4]!

Mae Megan a Ffion yn dod allan o'r lifft.
Mae popeth yn ddiogel.

Megan **Be' wnei di heddiw, felly?**

Ffion **Dim byd sbeshal.**
Ella wna' i watsio bach o teli. Ti?

Megan **Fi hefyd. Hwyl, Ffion.**

suddenly	yn sydyn
in my life	yn fy mywyd
to hear	clywed
safe	~~[illegible]~~ ddiogel
nothing special	dim byd sbeshal

1. **Ar fin** (with **fin** pronounced as *veen* in English) translates literally as '*on an edge [of],*' but it's used in Welsh to express '*about to.*' **Maen nhw ar fin siarad** = *They're about to speak,* **Ro'n i ar fin gadael** = *I was about to leave.*
2. **Copa** is a borrowing from Mediæval English '*copp[e]*' meaning '*top*' or '*summit.*' Just thought I'd let you know!
3. If you check out a dictionary, you'll find that **curo** means '*to beat.*' This can be used for '*beating*' a drum, for example, or when talking about which team has been next to fall victim to the sword of world's greatest football team, Wrecsam AFC. In some dialects, people also use **curo** to mean '*to win,*' although standard Welsh uses **ennill**. **Ennill**, by the way, also means '*to earn.*'
4. **Diolch byth** might look like it translates as '*thank you never,*' but it's actually how we express '*thank goodness.*'

PRIODAS FY NGHEFNDER[1]

Mae Alys a Megan mewn priodas cefnder.

Alys	Mae'r briodas 'ma'n anhygoel!
Megan	Yndi! Mae'r gwesty 'ma'n wych!
Alys	Ac mae'r bwyd yn flasus iawn!
Megan	Ai ffyrc aur ydy rheina[2]?
Alys	'Swn i'n d'eud bod y briodas 'ma wedi costio lot o bres.
Megan	Faint ti'n meddwl mae hi 'di costio?
Alys	Lot!
Megan	Ond mae Hari yn casáu gwario pres!
Alys	Dw i'n gw'bod! Mae'r briodas 'ma'n lot rhy gostus!
Megan	Wnest ti weld y briodferch? Mae hi'n edrych yn anhygoel hefyd!
Alys	Do, wnes i siarad efo hi gyna[3].
Megan	Oeddet ti'n gw'bod mai meddyg oedd hi?
Alys	Sut mae Hari wedi cyfarfod merch mor berffaith?
Megan	Dw i'm yn gw'bod! Dw i'm yn dallt!
Alys	Fo ydy'r dyn mwya' diflas yn y byd!

Megan	**Mae o'n ddiog hefyd.**
Alys	**Ond wnaeth o wahodd ni yma. Roedd hwnna'n neis!**
Megan	**Ishd! Dyma fo'n dod!**
Alys	**Aros funud... dim Hari ydy hwnna!**
Megan	**Yrm, na'di! Dw i'n meddwl bod ni yn y gwesty anghywir! Rhaid i ni fynd... rŵan!**
Alys	**Nag oes! Mae'r pwdin yn dod allan!**

incredible	anhygoel
I spoke	wnes i siarad
he's lazy	o'n ddiog
here he comes	dyma fo'n dod
pudding	pwdin

1. After initially finding it somewhat strange that Welsh had two different words for whether *'a cousin'* defined as a male or a female, I now think it's pretty cool. **Cefnder** is *'a [male] cousin'*, with **cyfnither** *'a [female] cousin'*. I always used to remember the difference via **nyth** being *'a nest'*, and *female* birds tend to raise their young in them! **Cefndryd** are 'cousins' regardless of gender.
2. For a reminder on **rheina** (= *those*), see Story 39's notes.
3. **Gyna** (= *earlier*) is a northern term that can be expressed otherwise as **[yn] gynharach** and, on occasions, **[yn] gynt** (= *sooner*).

GWEITHGAREDDAU DARLLEN A DEALL
Comprehension Activities

- **Each set of questions in this section is set out in the order of the Stories; 1-50.**
- **Answers are written at the bottom of each set of questions, with each question and each answer written with English translations below.**
- **Although I've intentionally used more dialectal language in the Stories, I've done my utmost to use more standardised language in the comprehension section.**
- **Clearly, there will be numerous ways to successfully answer any and all of the questions posed in this section. Always remember this, and never despair if your answers differ from those suggested here. They're probably correct too.**

Pob lwc! | Good luck!

1. Y DYDDIADUR

1. **Ble mae Anwen a Sioned?**
   Where are Anwen and SIoned?
2. **Beth mae Sioned yn methu ffeindio?**
   What can Sioned not find?
3. **Beth sy' gan Llŷr yn ei law?**
   What does Llŷr have in his hand?
4. **Beth sy' ar y dyddiadur?**
   What's on the diary?
5. **Ble mae Llŷr eisiau mynd ar nos Wener?**
   Where does Llŷr want to go on Friday evening?

ATEBION

1. **Mae Anwen a Sioned yn yr ysgol uwchradd.**
   Anwen and Sioned are in the secondary school.
2. **Mae Sioned yn methu ffeindio'i dyddiadur.**
   Sioned can't find her diary.
3. **Mae gan Llŷr ddyddiadur Sioned yn ei law.**
   Llŷr has got Sioned's diary in his hand.
4. **Mae enw Sioned ar y ddyddiadur.**
   Sioned's name is on the diary.
5. **Mae Llŷr eisiau mynd i wylio ffilm.**
   Llŷr wants to go to watch a film.

2. BLODAU SIÔN

1. **Sut mae Siôn yn 'nabod Owen?**
   How does Siôn know Owen?
2. **Pa ddau beth mae Siôn yn awgrymu iddo?**
   Which two things does Siôn suggest to him?
3. **Sut mae Owen yn disgrifio'i ddêt o?**
   How does Owen describe his date?
4. **Pa effaith mae'r blodau'n cael ar Owen?**
   Which effect do the flowers have on Owen?
5. **Beth sy'n digwydd i drwyn a llygaid Owen?**
   What happens to Owen's nose and eyes?

ATEBION

1. **Mae Siôn yn gweithio gydag Owen.**
   Siôn works with Owen.
2. **Mae Siôn yn awgrymu siocledi a blodau.**
   Siôn suggests chocolates and flowers.
3. **Mae o'n disgrifio hi fel "ddoniol iawn."**
   He describes her as "very funny."
4. **Maen nhw'n 'neud iddo fo disian.**
   They make him sneeze.
5. **Maen nhw'n cochi (/ troi'n goch).**
   They redden (/ turn red).

3. WASTAD YN HWYR

1. **Pwy sy'n gwylio'r teledu?**
   Who's watching the television?
2. **Pwy sy'n cael parti pen-blwydd?**
   Who's having a birthday party?
3. **Beth sy'n bod ar ffôn Megan?**
   What's wrong with Megan's phone?
4. **Faint o'r gloch mae hi'n cyrraedd y parti?**
   What time does she reach the party?
5. **Faint o'r gloch mae'r parti'n dechrau?**
   What time is the party starting?

ATEBION

1. **Mae Megan ac Alys yn gwylio'r teledu.**
   Megan and Alys are watching the television.
2. **Mae Gwen yn cael parti pen-blwydd.**
   Gwen is having a birthday party.
3. **Mae batri ffôn Megan wedi marw.**
   Megan's phone's Battery has died.
4. **Mae hi'n cyrraedd am saith o'r gloch.**
   She arrives at seven o'clock.
5. **Mae'r parti'n dechrau am wyth o'r gloch.**
   The party is starting at eight o'clock.

4. DIWRNOD I FFWRDD

1. **Beth mae Siôn yn paratoi yn y gegin?**
   What is Siôn preparing in the kitchen?
2. **Pam mae Gwen adref?**
   Why is Gwen at home?
3. **Sut mae Gwen yn teimlo?**
   How is Gwen feeling?
4. **I ba lefydd mae Gwen yn mynd?**
   To which places does Gwen go?
5. **Ble mae Gwen yn mynd yn y diwedd?**
   Where does Gwen go in the end?

ATEBION

1. **Mae Siôn yn paratoi paned yn y gegin.**
   Siôn is preparing a cup of tea in the kitchen.
2. **Mae gan Gwen ddiwrnod i ffwrdd.**
   Gwen has a day off.
3. **Mae Gwen yn teimlo'n gyffrous.**
   Gwen is feeling excited.
4. **Mae Gwen yn mynd i'r parc a'r amgueddfa.**
   Gwen goes to the park and the museum.
5. **Mae Gwen yn mynd i'r gwaith yn y diwedd.**
   Gwen goes to work in the end.

5. PEN-BLWYDD MABON

1. **Beth mae Owen yn ei wneud?**
   What's Owen doing?
2. **Beth mae Mabon eisiau llawer ohono?**
   What does Mabon want a lot of [it]?
3. **Pwy fasai Mabon yn hoffi gwahodd?**
   Who would Mabon like to invite?
4. **Pryd mae pen-blwydd Mabon?**
   When is Mabon's birthday?
5. **Ym mha fis maen nhw ar hyn o bryd?**
   In which month are they at the moment?

ATEBION

1. **Mae Owen yn cysgu.**
   Owen is sleeping.
2. **Mae Mabon eisiau llawer o siocled.**
   Mabon wants a lot of chocolate.
3. **Basai Mabon yn hoffi gwahodd ei ffrindiau.**
   Mabon would like to invite his friends.
4. **Mae pen-blwydd Mabon ym mis Ebrill.**
   Mabon's birthday is in April.
5. **Maen nhw ym mis Ionawr ar hyn o bryd.**
   They're in January at the moment.

6. BE' YDY DY ENW DI?

1. **Beth mae Sioned eisiau ei wneud?**
   What does Sioned want to do?
2. **Sut mae Sioned yn disgrifio'r gwesteiwr?**
   How does describe the host?
3. **Ydy Anwen yn gwybod enw'r gwesteiwr?**
   Does Anwen know the name of the host?
4. **Beth sy' gan Anwen yfory?**
   What does Anwen have tomorrow?
5. **Pwy sy'n siarad efo'r gwesteiwr?**
   Who speaks to the host?

ATEBION

1. **Mae Sioned eisiau dawnsio.**
   Sioned wants to dance.
2. **Mae hi'n meddwl ei fod o'n bishyn.**
   She thinks that he's cute.
3. **Nac ydy, dydy hi ddim yn cofio.**
   No, she doesn't remember.
4. **Mae gan Anwen brawf yfory.**
   Anwen has a test tomorrow.
5. **Mae Sioned yn siarad efo'r gwesteiwr.**
   Sioned speaks to the host.

7. SGWRS DDIDDOROL

1. **Ar beth mae Ffion yn eistedd?**
   On what is Ffion sitting?
2. **Pwy sy'n dod ati hi?**
   Who approaches her?
3. **Beth mae ffrind Ffion yn mynd i wneud?**
   What is Ffion's friend going to do?
4. **Beth ydy enw ffrind Ffion?**
   What is the name of Ffion's friend?
5. **Pwy ydy Gareth?**
   Who is Gareth?

ATEBION

1. **Mae Ffion yn eistedd ar fainc.**
   Ffion is sitting on a bench.
2. **Mae Gareth yn dod ati hi.**
   Gareth approaches her.
3. **Mae'n mynd i ofyn i'w chariad i'w phriodi.**
   She's going to ask her boyfriend to marry her.
4. **Elen ydy enw ffrind Ffion.**
   Elen is the name of Ffion's friend.
5. **Gareth ydy cariad Elen.**
   Gareth is Elen's boyfriend.

8. DYDY HWNNA DDIM I BLANT!

1. **Ble mae tad Mabon?**
   Where is Mabon's father?
2. **Beth mae Mabon eisiau chwarae?**
   What does Mabon want to play?
3. **Pwy sy'n golchi'r llestri?**
   Who washes the dishes?
4. **Pwy sy'n glanhau'r bwrdd?**
   Who cleans the table?
5. **Pryd mae Mabon i fod i fynd i'r gwely?**
   When is Mabon supposed to go to bed?

ATEBION

1. **Mae tad Mabon yn y gwaith.**
   Mabon's father is at work.
2. **Mae o eisiau chwarae gêm Sioned.**
   He wants to play Sioned's game.
3. **Oedolion sy'n golchi'r llestri.**
   [It's] adults [who] wash the dishes.
4. **Oedolion sy'n glanhau'r bwrdd.**
   [It's] adults [who] clean the table.
5. **Mae o i fod i fynd am naw o'r gloch.**
   He's supposed to go at nine o'clock.

9. MAE'N RHY BERYGLUS

1. **Pwy sy'n poeni?**
   Who's worrying?
2. **Pwy sy'n ffrind da?**
   Who's a good friend?
3. **Sut mae'r dyn yn disgrifio'r reid?**
   How does the man describe the ride?
4. **Pam mae Anwen yn rhedeg?**
   Why does Anwen run?
5. **Sut mae hi'n disgrifio'r reid?**
   How does she describe the ride?

ATEBION

1. **Mae Sioned yn poeni.**
   Sioned is worrying.
2. **Mae Anwen yn ffrind da.**
   Anwen is a good friend.
3. **Dyma'r reid "mwya'" a'r "hyna'" yn y wlad.**
   This is the "biggest" and "oldest" in the land.
4. **Mae hi'n rhedeg achos mae ganddi ofn.**
   She runs because she's scared.
5. **Mae hi'n dweud bod y reid yn "beryglus".**
   She says that the ride is "dangerous".

10. TYNNU LLUNIAU YN Y PARC

1. **Pa mor aml mae Gareth yn mynd i'r parc?**
   How often does Gareth go to the park?
2. **Beth mae Anwen yn wneud?**
   What is Anwen doing?
3. **Ydy Anwen yn adnabod Gareth?**
   Does Anwen know Gareth?
4. **Ydy'r llun o Gareth?**
   Is the picture/paining of Gareth?
5. **O beth mae llun Anwen?**
   Of what is Anwen's picture/painting?

ATEBION

1. **Mae o'n mynd i'r parc bob dydd.**
   He goes to the park every day.
2. **Mae Anwen yn tynnu llun.**
   Anwen is drawing [a picture].
3. **Dydy Anwen ddim yn adnabod Gareth.**
   Anwen does not know Gareth.
4. **Nac ydy, dydy o ddim yn llun o Gareth.**
   No, it isn't a picture/painting of Gareth.
5. **Mae llun Anwen o gi.**
   Anwen's picture is of a dog.

11. GWAITH CARTREF

1. **Pwy ydy'r athro yn y dosbarth?**
   Who is the teacher in the class[room]?
2. **Beth mae Mr Puw eisiau ei weld?**
   What does Mr Puw want to see?
3. **Pwy ydy'r gorau yn y dosbarth?**
   Who's the best in the class?
4. **Sut mae Mr Puw yn disgrifio ei gwaith hi?**
   How does Mr Puw describe her work?
5. **Ydy Anwen wedi gwneud y gwaith cartref?**
   Has Anwen done the homework?

ATEBION

1. **Mr Puw ydy'r athro yn y dosbarth.**
   Mr Puw is the teacher in the class[room].
2. **Mae o eisiau gweld gwaith cartref Anwen.**
   He wants to see Anwen's homework.
3. **Anwen ydy'r gorau yn y dosbarth.**
   Anwen is the best in the class.
4. **Mae o'n dweud ei fod yn "hyfryd".**
   He says that it's "lovely".
5. **Naddo, dydy hi ddim wedi'i wneud.**
   No, she hasn't done it.

12. NOSON BITSA

1. **Faint ydy oed Mabon?**
   How old is Mabon?
2. **Pwy sy' eisiau archebu pitsa?**
   Who wants to order a pizza?
3. **Pa eitemau mae Owen angen?**
   Which items does Owen need?
4. **Faint wneith y toes gymryd?**
   How long will the dough take?
5. **Beth mae Owen yn wneud yn y diwedd?**
   What does Owen do in the end?

ATEBION

1. **Mae Mabon yn wyth [oed].**
   Mabon is eight [years old].
2. **Mabon sy' eisiau archebu pitsa.**
   [It's] Mabon [who] wants to order a pizza.
3. **Mae o angen blawd, dŵr, a halen.**
   He needs flour, water, and salt.
4. **Wneith y toes gymryd dwy awr.**
   The dough will take two hours.
5. **Mae Owen yn archebu pitsa.**
   Owen orders a pizza.

13. Y GÊM FAWR

1. **Pwy sy' gan docynnau i'r gêm fawr?**
   Who's got tickets to the big game?
2. **Pwy sy' methu mynd i'r gêm?**
   Who can't go to the game?
3. **Sut mae Ffion yn mynd i helpu Alun?**
   How is Ffion going to help Alun?
4. **Pam mae hi'n hapus helpu?**
   Why is she happy to help?
5. **Pwy fydd yn prynu'r tocynnau yn y dyfodol?**
   Who will be buying the tickets in the future?

ATEBION

1. **Mae gan Ffion ac Alun docynnau.**
   Ffion and Alun have tickets.
2. **Mae Alun yn methu mynd i'r gêm.**
   Alun can't go to the game.
3. **Mae hi'n mynd i astudio efo fo.**
   She's going to study with him.
4. **Achos mae Alun wastad yno iddi hi.**
   Because Alun is always there for her.
5. **Bydd Alun yn prynu nhw yn y dyfodol.**
   Alun will be buying them in the future.

14. BRECWAST

1. **Pwy sy'n paratoi brecwast i Mabon?**
   Who's preparing breakfast for Mabon?
2. **Beth mae Owen angen mwy ohono?**
   What does Owen need more of [it]?
3. **Pa fwyd mae Owen yn paratoi?**
   Which food is Owen preparing?
4. **Faint o'r gloch ydy hi?**
   What time is it?
5. **Beth geith Mabon ac Owen baratoi rŵan?**
   What may Mabon and Owen prepare now?

ATEBION

1. **Mae Owen yn paratoi bwyd i Mabon.**
   Owen is preparing food for Mabon.
2. **Mae Owen angen amser (i wneud bwyd).**
   Owen needs time (to make food).
3. **Mae Owen yn paratoi wyau.**
   Owen is preparing eggs.
4. **Mae'n hanner dydd.**
   It's midday.
5. **Geith Mabon ac Owen baratoi cinio rŵan.**
   Mabon and Owen may prepare dinner now.

15. SBÏA AR FY LLUN

1. **Beth sy' gan Owen yn ei law?**
   What has Owen got in his hand?
2. **Sawl llun mae o wedi paentio o'r blaen?**
   How many pictures has he painted before?
3. **Beth ydy swydd Gwyn?**
   What's Gwyn's job?
4. **Beth mae Owen eisiau i Gwyn wneud?**
   What does Owen want Gwyn to do?
5. **Sut mae Gwyn yn disgrifio'r llun?**
   How goes Gwyn describe the picture?

ATEBION

1. **Mae gan Owen lun yn ei law.**
   Owen has got a picture/painting in his hand.
2. **Dydy o ddim wedi paentio llun o'r blaen.**
   He hasn't painted a picture before.
3. **Mae Gwyn yn athro celf.**
   Gwyn is an art teacher.
4. **Mae Owen eisiau i Gwyn edrych ar ei lun.**
   Owen wants Gwyn to look at his picture.
5. **Mae o'n dweud ei fod "wir yn dda".**
   He says that it's "truly/really good".

16. YN Y TACSI

1. **Ar beth mae Ffion yn edrych?**
   At what is Ffion looking?
2. **Pryd mae'r gyrrwr eisiau troi i'r chwith?**
   When does the driver want to turn to the left?
3. **Pwy sy'n talu am y daith?**
   Who's paying for the journey?
4. **Ble mae Ffion yn bwriadu mynd?**
   Where is Ffion intending to go?
5. **I ble mae ffôn Ffion wedi'u harwain nhw?**
   To where has Ffion's phone led them?

ATEBION

1. **Mae Ffion yn edrych ar ei ffôn.**
   Ffion is looking at her phone.
2. **Mae o eisiau troi i'r chwith mewn un filltir.**
   He wants to turn to the left in one mile.
3. **Ffion sy'n talu am y daith.**
   [It's] Ffion [who] is paying for the journey.
4. **Mae hi'n bwriadu mynd siopa ddillad.**
   She's intending to go clothes shopping.
5. **Mae wedi'u harwain nhw at yr afon.**
   It has led them to the river.

17. MAE'N ARGYFWNG

1. **At bwy mae Mabon yn rhedeg?**
   To whom is Mabon running?
2. **Pam mae'r gwarchodwr yn poeni?**
   Why is the lifeguard worrying?
3. **Beth sy'n bod efo ddillad dad Mabon?**
   What's wrong with Mabon's dad's clothes?
4. **Beth ydy lliw tywel y gwarchodwr?**
   What is the colour of the lifeguard's towel?
5. **Pam mae'n rhaid i Owen gymryd y tywel?**
   Why must Owen take the towel?

ATEBION

1. **Mae Mabon yn rhedeg at y gwarchodwr.**
   Mabon is running to[wards] the lifeguard.
2. **Mae o'n meddwl bod rhywun yn boddi.**
   The thinks that someone is drowning.
3. **Maen nhw'n rhy fach.**
   They're too small.
4. **Mae tywel y gwarchodwr yn goch.**
   The lifeguard's towel is red.
5. **Achos mae'n argyfwng.**
   Because it's an emergency.

18. LLYTHYR CARIAD

1. **Sut mae Sioned yn helpu Mabon?**
   How is Sioned helping Mabon?
2. **Ble mae Sioned a Mabon?**
   Where are Sioned and Mabon?
3. **Beth mae Mabon yn ysgrifennu?**
   What is Mabon writing?
4. **Sut mae o'n disgrifio'r ferch?**
   How does he describe the girl?
5. **I bwy mae llythyr Mabon?**
   For whom is Mabon's letter?

ATEBION

1. **Mae Sioned yn gwarchod Mabon.**
   Sioned is babysitting Mabon.
2. **Maen nhw yn y llyfrgell.**
   They're in the library.
3. **Mae Mabon yn ysgrifennu llythyr cariad.**
   Mabon is writing a love letter.
4. **Mae o'n disgrifio'r ferch fel "clyfar".**
   He describes her as "clever".
5. **Mae llythyr Mabon i Anwen.**
   Mabon's letter is for Anwen.

19. PLANHIGION ALUN

1. **Lle mae Alun?**
   Where is Alun?
2. **Sut mae Owen yn helpu Alun?**
   How is Owen helping Alun?
3. **Beth ddigwyddodd i blanhigion Alun?**
   What happened to Alun's plants?
4. **Sawl gwaith mae Owen wedi dyfrio nhw?**
   How many times has Owen watered them?
5. **Sut mae un sy' dal yn wyrdd?**
   How is there one that's still green?

ATEBION

1. **Mae Alun yn y dref.**
   Alun is in the town.
2. **Mae Owen yn rhoi lifft i Alun.**
   Owen is giving Alun a lift.
3. **Maen nhw i gyd wedi marw.**
   They have all died.
4. **'Wnaeth Owen eu dyfrio teirgwaith y dydd.**
   Owen watered them three times per day.
5. **Achos mae'n blastig.**
   Because it's plastic.

20. Y GACEN

1. **Pwy sy' yn y gegin?**
   Who's in the kitchen?
2. **Am beth mae hi'n chwilio?**
   For what is she searching?
3. **Beth wnaeth Alys efo'i phlât?**
   What did Alys do with her plate?
4. **Pa ffrwyth sy' yng nghacen Megan?**
   Which fruit is in Megan's cake?
5. **Pa flas sy' ar gacen Megan?**
   Which flavour is on Megan's cake?

ATEBION

1. **Mae Megan yn y gegin.**
   Megan's in the kitchen.
2. **Mae hi'n chwilio am ei chacen.**
   She's searching for her cake.
3. **Cuddiodd hi ei phlât.**
   She hid her plate.
4. **Mae orenau yng nghacen Megan.**
   There are oranges in Megan's cake.
5. **Mae blas fanila ar gacen Megan.**
   Megan's cake is vanilla flavour[ed].

21. Y DYRCHAFIAD

1. **Ble mae'r bos eisiau gweld Ffion?**
   Where does the boss want to see Ffion?
2. **Am bwy mae'r bos eisiau siarad?**
   About whom does the boss want to speak?
3. **Beth fwytodd Rhys wythnos diwethaf?**
   What did Rhys eat last week?
4. **Ble bydd Rhys yn gweithio ar ôl dyrchafiad?**
   Where will Rhys after a promotion?
5. **Pwy oedd yn jocian?**
   Who was joking?

ATEBION

1. **Mae'r bos eisiau gweld hi yn y swyddfa.**
   The boss wants to see her in the office.
2. **Mae'r bos eisiau siarad am Rhys.**
   The boss wants to talk about Rhys.
3. **Bwytodd Rhys ginio Ffion.**
   Rhys ate Ffion's lunch.
4. **Bydd o'n gweithio mewn swyddfa arall.**
   He'll be working in a new office.
5. **Roedd Ffion yn jocian.**
   Ffion was joking.

22. CYN-GARIAD FI!

1. **Pwy mae Megan yn ei gweld?**
   Who does Megan see?
2. **Beth mae Nansi'n gwisgo?**
   What's Nansi wearing?
3. **Pryd siaradodd Megan â Nansi ddiwethaf?**
   When did Megan speak with Nansi last?
4. **Sut mae Megan yn cael sylw Nansi?**
   How does Megan get Nansi's attention?
5. **Yn ôl Ffion, beth mae Megan angen?**
   According to Ffion, what does Megan need?

ATEBION

1. **Mae hi'n gweld Nansi, sef ei chyn-gariad.**
   She sees Nansi, [who is] her ex-girlfriend.
2. **Mae hi'n gwisgo crys coch.**
   She's wearing a red shirt.
3. **Siaradon nhw bum mlynedd yn ôl.**
   They spoke five years ago.
4. **Mae hi'n codi llaw ati.**
   She raises a hand to[wards] her.
5. **Mae hi angen prynu sbectol.**
   She needs to buy [some] glasses.

23. Y GÂN

1. **Pwy sy' mewn bwyty?**
   Who's in a restaurant?
2. **Pwy sy'n caru'r gân?**
   Who loves the song?
3. **Beth mae Hefyn yn methu clywed yn iawn?**
   What can't Hefyn hear well?
4. **Ers pryd maen nhw gyda'i gilydd?**
   Since when are they together?
5. **Sut mae'r stori'n gorffen?**
   How does the story end?

ATEBION

1. **Mae Hefyn a Dewi mewn bwyty.**
   Hefyn and Dewi are in a restaurant.
2. **Dewi sy'n caru'r gân.**
   [It's] Dewi [who] loves the song.
3. **Mae Hefyn yn methu clywed y gitâr.**
   Hefyn can't hear the guitar.
4. **Ers tri deg o flynyddoedd.**
   Since thirty years.
5. **Maen nhw'n cytuno i ddawnsio.**
   They agree to dance.

24. ANFONA E-BOST

1. **Pa dref maen nhw'n ymuno â hi?**
   Which town are they visiting [it]?
2. **Pryd wnaeth Alys adael y dref?**
   When did Alys leave the town?
3. **Ble mae Alys yn mynd cyn gadael y caffi?**
   Where does Alys go before leaving the café?
4. **Ydy Alys yn adnabod Myrddin?**
   Does Alys know/recognise Myrddin?
5. **Sut gellir cysylltu ag Alys yn well?**
   How can one contract Alys better?

ATEBION

1. **Maen nhw'n ymweld â Wrecsam.**
   They're visiting Wrecsam.
2. **Gadawodd hi bron i dri deg mlynedd yn ôl.**
   He left almost thirty years ago.
3. **Mae hi'n mynd i'r toiled.**
   She goes to the toilet.
4. **Nac ydy, dim ar y dechrau.**
   No, not at first.
5. **Gellir cysylltu â hi trwy e-bost.**
   One can contact her via e-mail.

25. ATHRAWES WYCH

1. **Pwy mae Mair yn meddwl sy'n ei chasáu hi?**
   Who does Mair think hates her?
2. **Pwy sy'n ateb y drws?**
   Who answers the door?
3. **Sut mae Mr Puw yn disgrifio Mair?**
   How does Mr Puw describe Mair?
4. **Ydy Mair yn gadael yr ysgol yn syth?**
   Does Mair leave the school straight away?
5. **O le wnaeth Mr Puw glywed Mair?**
   From where did Mr Puw hear Mair?

ATEBION

1. **Yn ôl Mair, mae'r myfyrwyr yn ei chasáu hi.**
   According to Mair, the students hate her.
2. **Does neb yn ateb y drws.**
   No one answers the door.
3. **Mae o'n ei disgrifio fel "athrawes wych."**
   He describes her as a "great teacher."
4. **Nac ydy, mae hi'n aros i helpu myfyrwyr.**
   No, she stays to help students.
5. **Fe'i chlywodd o'r swyddfa dwys nesa'.**
   He heard her from the office next door.

26. PROBLEMAU CAR

1. **Pwy sy'n cerdded ar y stryd?**
   Who's walking on the street?
2. **Gan bwy wnaeth Owen fenthyg y car?**
   From whom did Owen borrow the car?
3. **Am beth mae Siôn yn gwrando?**
   For what is Siôn listening [out]?
4. **Pa fath o gar ydy o?**
   Which type of car is it?
5. **Beth mae Siôn wedi'i roi yn y gist?**
   What has Siôn put in the boot/trunk?

ATEBION

1. **Siôn sy'n cerdded ar y stryd.**
   [It's] Siôn [who] is walking on the street.
2. **Wnaeth o'i fenthyg gan ffrind.**
   He borrowed it from a friend.
3. **Mae o'n gwrando am sŵn yr injan.**
   He's listening for the sound of the engine.
4. **Mae'n gar trydan.**
   It's an electric car.
5. **Mae o wedi rhoi tanwydd ynddi.**
   He's put fuel/gas in it.

27. DIWRNOD 'SGOTA

1. **Gyda phwy mae Ffion yn treulio'r diwrnod?**
   With whom is Ffion spending the day?
2. **Faint o bysgod maen nhw'n eu dal?**
   How many fish do they catch?
3. **Pryd basai Taid yn arfer siarad?**
   When would Granddad usually talk?
4. **O le daeth Taid i Gymru?**
   From where did Granddad come to Wales?
5. **Sut mae Dad wir yn teimlo am bysgota?**
   How does Dad really feel about fishing?

ATEBION

1. **Mae hi'n treulio'r diwrnod gyda'i thad.**
   She's spending the day with her father.
2. **Dydyn nhw byth yn dal dim byd.**
   They never catch anything.
3. **Pan roedd o'n pysgota.**
   When he was fishing.
4. **Daeth Taid o Iwerddon.**
   Granddad came from Ireland.
5. **Mae o'n teimlo bod pysgota'n "ddiflas."**
   He feels that fishing is "boring."

28. ANGLADD MOROL

1. **Sut mae Mabon yn teimlo?**
   How is Mabon feeling?
2. **Beth oedd enw pysgodyn Mabon?**
   What was Mabon's fish's name?
3. **Ble maen nhw'n rhoi Eurwen?**
   Where do they put Eurwen?
4. **Beth mae Anwen yn gofyn i Mabon rannu?**
   What does Anwen ask Mabon to share?
5. **Ydy Eurwen wedi marw go iawn?**
   Has Eurwen died really/for real?

ATEBION

1. **Mae o'n teimlo'n drist ofnadwy.**
   He's feeling awfully tired.
2. **Eurwen oedd enw pysgodyn Mabon.**
   Eurwen was Mabon's fish's name.
3. **Maen nhw'n rhoi hi yn y toiled.**
   They put her in the toilet.
4. **Mae hi'n gofyn iddo rannu atgofion.**
   She asks her to share memories.
5. **Naddo, dydy Eurwen ddim wedi marw.**
   No, Eurwen hasn't died.

29. PITSA AM DDIM

1. **Ydy'r tywydd yn braf yn y stori?**
   Is the weather fine/nice in the story?
2. **Ble mae'r bocsys pitsa?**
   Where are the pizza boxes?
3. **Yn ôl y dyn, i bwy mae'r pitsa?**
   According to the man, for whom is the pizza?
4. **Ble mae'r dyn yn mynd wedyn?**
   Where does the man go afterwards?
5. **Pwy ydy'r ddynes?**
   Who is the woman?

ATEBION

1. **Nac ydy, mae hi'n bwrw glaw.**
   No, it's raining.
2. **Maen nhw ar y byrddau yn y swyddfa.**
   They're on the tables in the office.
3. **I'r staff mae'r pitsa.**
   For the staff is the pizza.
4. **Mae o'n mynd yn ôl i'r gwaith.**
   He goes back to [the] work.
5. **Mrs Griffiths ydy'r ddynes.**
   Mrs Griffiths is the woman.

30. DIWEDDGLO RHYFEDD

1. **Pa ddau beth mae Siôn yn gwneud?**
   Which two things is Siôn doing?
2. **Beth mae Gwen eisiau i Siôn wneud?**
   What does Gwen want Siôn to do?
3. **Pryd bydd Siôn yn hapus diffodd y golau?**
   When will Siôn be happy to turn off the lights?
4. **Beth mae Gwen yn cyfaddef yn y bore?**
   What does Gwen admit in the morning?
5. **Pam wnaeth Gwen ddweud celwydd?**
   Why did Gwen tell a lie?

ATEBION

1. **Mae o'n ymlacio ac yn darllen yn y gwely.**
   He's relaxing and reading in the bed.
2. **Mae hi eisiau i Siôn ddiffodd y golau.**
   She wants Siôn to turn off the lights.
3. **Ar ôl iddo wybod sut mae'r stori'n gorffen.**
   After he knows how the story finishes.
4. **Mae hi'n cyfaddef dweud celwydd.**
   She admits [to] telling a lie.
5. **Achos roedd hi wedi blino.**
   Because she was tired.

31. FY HOFF FAND

1. **Pwy sy' yn y dosbarth?**
   Who's in class[room]?
2. **Pwy sy'n gofyn am help?**
   Who's asking for help?
3. **Pa gamp bydd Sioned yn methu?**
   Which sport will Sioned be missing?
4. **Pa fand mae Sioned eisiau gweld?**
   Which band does Sioned want to see?
5. **Beth mae Anwen yn feddwl o'r City Boys?**
   What does Anwen think of the City Boys?

ATEBION

1. **Mae Sioned ac Anwen yn y dosbarth.**
   Sioned and Anwen are in the class[room].
2. **Mae Sioned yn gofyn am help gan Anwen.**
   Sioned is asking for help from Anwen.
3. **Bydd hi'n methu pêl-rwyd.**
   She'll be missing netball.
4. **Mae hi eisiau gweld y City Boys.**
   She wants to see the City Boys.
5. **Mae hi'n meddwl bod nhw'n "ofnadwy."**
   She thinks that they're "awful."

32. 'STEDDA LAWR

1. **Sut mae Gwyn ac Owen yn teithio?**
   Ho ware Gwyn and Owen travelling?
2. **Oes lle i'r ddau eistedd?**
   Is there space for the two to sit?
3. **Pwy ydy'r hynaf o'r ddau?**
   Who is the oldest of the two?
4. **Ble mae Owen yn mynd trwy'r amser?**
   Where does Owen go all the time?
5. **Beth sy'n digwydd i'r lle gwag?**
   What happens to the empty space?

ATEBION

1. **Maen nhw'n teithio ar y bws.**
   They're travelling on the bus.
2. **Nac oes, does dim ond un lle ar gael.**
   No, there's only one place available.
3. **Gwyn ydy'r hynaf o'r ddau.**
   [It's] Gwyn [who] is the oldest of the two.
4. **Mae o'n mynd i'r gampfa trwy'r amser.**
   He goes to the gym all the time.
5. **Mae bachgen yn eistedd ynddo.**
   A boy sits in it.

33. MAE AILGYLCHU'N BWYSIG

1. **Beth sy'n bwysig, yn ôl Mabon?**
   What's important, according to Mabon?
2. **Beth mae Sioned angen mwy ohynyn nhw?**
   What does Sioned need more of [them]?
3. **Ble roedd y botel olaf?**
   Where was the last bottle?
4. **Ble wnaeth Mabon wagio'r sudd ffrwythau?**
   Where did Mabon empty the fruit juice?
5. **Beth mae prosiect Sioned yn helpu?**
   What is Sioned's project helping?

ATEBION

1. **Mae ailgylchu yn bwysig, yn ôl Mabon.**
   Recycling is important, according to Mabon.
2. **Mae Sioned angen mwy o boteli plastig.**
   Sioned needs more plastic bottles.
3. **Roedd y botel olaf yn yr oergell.**
   The last bottle was in the refrigerator.
4. **Wnaeth o wagio'r sudd i lawr y toiled.**
   He emptied the juice down the toilet.
5. **Mae prosiect Sioned yn helpu'r blaned.**
   Sioned's project is helping the planet.

34. Y GWAHANIAD

1. **Beth sy'n bod ar Owen?**
   What's wrong with Owen?
2. **Beth mae Siân wedi'i wneud?**
   What has Siân done?
3. **Pwy oedd Siân?**
   Who was Siân?
4. **Beth wnaeth Owen baratoi i Siân?**
   What did Owen prepare for Siân?
5. **Pam mae Siân wedi gwahanu gydag Owen?**
   Why has Siân broken up with Owen?

ATEBION

1. **Dydy o ddim yn teimlo'n dda iawn.**
   He's not feeling very well.
2. **Mae hi wedi gwahanu gydag Owen.**
   She has broken up with Owen.
3. **Siân oedd cariad Owen.**
   Siân was Owen's girlfriend.
4. **Wnaeth o baratoi cinio iddi hi.**
   He prepared dinner for her.
5. **Achos dydy Owen ddim yn gallu coginio.**
   Because Owen can't cook.

35. DIOLCH, MAM!

1. **Gan bwy mae Sioned yn cael anrheg?**
   From whom does Sioned get a gift?
2. **Ble wnaethon nhw weld y siwmper?**
   Where did they see the jumper?
3. **Pa liw sy' ar y siwmper?**
   Which colour is [on] the jumper?
4. **Pam doedd y siwmper ddim yn ddrud?**
   Why wasn't the jumper expensive?
5. **Pam mae mam Sioned mor gyffrous?**
   Why is Sioned's mother so excited?

ATEBION

1. **Mae hi wedi cael anrheg gan ei mam.**
   She has had a gift from her mother.
2. **Wnaethon nhw weld y siwmper yn y siop.**
   They saw the jumper in the shop.
3. **Glas ydy lliw'r siwmper.**
   Blue is the colour of the jumper.
4. **Achos roedd y siwmper yn y sêl.**
   Because the jumper was in the sale.
5. **Achos gwisgith pawb eu siwmperi.**
   Because everyone will wear their jumpers.

36. TI'N MEDRU SIARAD?

1. **Ble mae Anwen wedi bod heddiw?**
   Where has Anwen been today?
2. **Sut roedd y cwsmeriaid yn y siop?**
   How were the customers in the shop?
3. **Pwy sy'n dechrau siarad?**
   Who starts talking?
4. **Ble geith Anwen gysgu?**
   Where will Anwen get to sleep?
5. **Sut roedd Cariad yn siarad?**
   How was Cariad talking?

ATEBION

1. **Mae hi wedi bod yn gweithio mewn siop.**
   She has been working in a shop.
2. **Roedden nhw'n siaradus iawn.**
   They were very talkative.
3. **Mae Cariad, y ci, yn dechrau siarad.**
   Cariad, the dog, starts talking.
4. **Ceith hi gysgu ar glustog Cariad.**
   She'll get to sleep on Cariad's pillow.
5. **Roedd Anwen yn breuddwydio.**
   Anwen was dreaming.

37. CAMPIO

1. **Beth mae Siôn wedi'i gwahardd?**
   What has Siôn banned?
2. **Pa fwyd sy' ganddyn nhw ar ôl?**
   Which food do they have left?
3. **Pam does ganddyn nhw ddim bwyd?**
   Why don't they have [any] food?
4. **Ai blaidd sy' tu allan i'r babell?**
   Is it a wolf that's outside of the tent?
5. **Am beth mae Gwen yn defnyddio'i ffôn?**
   For what does Gwen use her phone?

ATEBION

1. **Mae Siôn wedi gwahardd ffonau symudol.**
   Siôn has banned mobile/cell phones.
2. **Mae ganddyn nhw ddau afal.**
   They have two apples.
3. **Achos bwyton nhw ormod am ginio.**
   Because they ate too much for dinner.
4. **Na, person sy' tu allan i'r babell.**
   No, [it's] a person [who] is outside of the tent.
5. **Er mwyn archebu pitsa.**
   In order to order a pizza.

38. CYSGU YN DY DŶ

1. **Sut penwythnos ceith y pâr?**
   What sort of weekend will the pair have?
2. **Ar ba ochr mae Ffion yn cysgu fel arfer?**
   On which side does Ffion sleep usually?
3. **Beth all ddeffro Bryn yn y bore?**
   What can wake Bryn [up] in the morning?
4. **Sut mae Bryn yn teimlo am y llun?**
   How does Bryn feel about the picture?
5. **Ble bydd Bryn yn gysgu heno?**
   Where will Bryn be sleeping tonight?

ATEBION

1. **Ceith y pâr benwythnos wych.**
   The pair will have a great weekend.
2. **Mae hi'n cysgu ar yr ochr chwith fel arfer.**
   She sleeps on the left side usually.
3. **Gall yr haul ei ddeffro yn y bore.**
   The sun can wake him [up] in the morning.
4. **Mae'r llun yn codi ofn arno.**
   The picture scares him.
5. **Bydd Bryn yn cysgu mewn gwesty heno.**
   Bryn will be sleeping in a hotel tonight.

39. DAU DOCYN

1. **Sut mae Sioned yn adnabod y gweithiwr?**
   How does Sioned know the worker?
2. **Pa ffilm mae'r ddwy ferch eisiau gweld?**
   Which film do the two girls want to see?
3. **Pam mae Osian yn gwrthod?**
   Why does Osian decline?
4. **Pam mae Osian yn drist?**
   Why is Osian sad?
5. **Pryd byddan nhw'n cael gweld y ffilm?**
   When will they be getting to see the film?

ATEBION

1. **Maen nhw yn yr un ysgol.**
   They're in the same school.
2. **Maen nhw eisiau gweld 'Y Môr o Waed.'**
   The want to see 'The Sea of Blood.'
3. **Achos maen nhw'n rhy ifanc.**
   Because they're too young.
4. **Achos dydy o ddim yn rhan o'u band.**
   Because he's not part of their band.
5. **Byddan nhw'n cael gweld y ffilm yfory.**
   They'll be getting to see the film tomorrow.

40. TI'N HENEIDDIO

1. **Pa ran o gorff Ffion wnaeth sŵn?**
   Which part of Ffion's body made a sound?
2. **Beth ydy'r rheswm, yn ôl Owen?**
   What's the reason, according to Owen?
3. **Beth mae Owen yn dangos i Ffion?**
   What does Owen show [to] Ffion?
4. **Beth sy'n brifo Ffion nesaf?**
   What hurts Ffion next?
5. **Pam mae Ffion angen i Owen atgoffa hi?**
   Why does Ffion need Owen to remind her?

ATEBION

1. **Mae pen-glin Ffion yn gwneud sŵn.**
   Ffion's knee makes a sound.
2. **Achos mae Ffion yn heneiddio.**
   Because Ffion is aging.
3. **Mae o'n dangos sut i ymarfer ei phen-glin.**
   He shows how to exercise her knee.
4. **Cefn Ffion sy'n ei brifo nesaf.**
   [It's] Ffion's back [that] hurts her next.
5. **Achos mae hi wedi anghofio'r ymarfer.**
   Because she has forgotten the exercise.

41. BLWYDDYN NEWYDD, FFION NEWYDD

1. **Pryd mae'r parti'n digwydd?**
   When is the party happening?
2. **Ydy Ffion yn ffansïo mwy o win?**
   Does Ffion fancy some more wine?
3. **Pwy mae Ffion isio cyfarfod?**
   Who does Ffion want to meet?
4. **Pam dydy Ffion ddim yn siarad efo'r hogyn?**
   Why doesn't Ffion speak with the boy?
5. **Beth mae Megan isio mewn ffrind?**
   What does Megan want in a friend?

ATEBION

1. **Mae'r parti'n digwydd ar Nos Galan.**
   The party is happening on New Year's Eve.
2. **Ydy, ond 'mond un arall.**
   Yes, but only one more.
3. **Mae hi isio cyfarfod mwy o bobl.**
   She wants to meet more people.
4. **Achos mae hi isio bod efo Megan yn lle.**
   Because she wants to be with Megan instead.
5. **Mae hi isio rhywun sy'n hoffi gwylio'r teli.**
   She wants someone who likes watching TV.

42. MYND I RUFAIN

1. **At bwy mae Sioned yn cerdded?**
Towards whom is Sioned walking?
2. **Yn ôl Sioned, pwy mae Enzo yn caru?**
According to Sioned, who does Enzo love?
3. **O ble mae Enzo yn dod?**
From where does Enzo come?
4. **Pa anifail anwes fydd gan Sioned ac Enzo?**
Which pet with Sioned and Enzo have?
5. **Pa iaith mae Enzo'n ei dysgu?**
Which language is Enzo learning?

ATEBION

1. **Mae hi'n cerdded tuag at Anwen.**
She's walking towards Anwen.
2. **Yn ôl Sioned, mae Enzo'n ei charu hi.**
According to Sioned, Enzo loves her.
3. **Mae Enzo'n dod o'r Eidal.**
Enzo comes from Italy.
4. **Bydd ganddyn nhw gath.**
They'll have a cat.
5. **Mae Enzo'n dysgu Cymraeg.**
Enzo is learning Welsh.

43. AIL DDÊT

1. **Pryd mae Bryn eisiau mynd am fwyd eto?**
   When does Bryn want to go for food again?
2. **Sut mae Ffion yn disgrifio'r dêt?**
   How does Ffion describe the date?
3. **Am beth roedd Bryn yn siarad?**
   About what was Bryn talking?
4. **Pwy sy' gan gi?**
   Who has a dog?
5. **Am beth mae Ffion yn caru siarad?**
   About what does Ffion love to talk?

ATEBION

1. **Mae Bryn eisiau mynd am fwyd yfory.**
   Bryn wants to go for food tomorrow.
2. **Mae Ffion yn disgrifio'r dêt fel "ofnadwy".**
   Ffion describes the date as "horrible".
3. **Roedd o'n siarad amdano fo'i hun.**
   He was talking about himself.
4. **Mae gan Bryn a Ffion [ill dau] gi.**
   [Both] Bryn and Ffion have a dog.
5. **Mae hi'n caru siarad am ei chi.**
   She loves talking about her dog.

44. WNEWCH CHI DYNNU FY LLUN?

1. **Pa fath o ymchwil mae Sioned yn wneud?**
   Which type of research is Sioned doing?
2. **Pa liw ydy bag Sioned?**
   Which colour is Sioned's bag?
3. **Ble mae Sioned yn dewis sefyll?**
   Where does Sioned choose to stand?
4. **O beth mae Mr Puw'n tynnu llun?**
   Of what does Mr Puw take a picture?
5. **Faint o bobl sy' wedi hoffi'r llun?**
   How many people have liked the picture?

ATEBION

1. **Mae hi'n gwneud ymchwil cymdeithasol.**
   She's doing social research.
2. **Dydyn ni ddim yn gwybod.**
   We don't know.
3. **Mae hi'n dewis sefyll wrth ymyl y drws.**
   She chooses to stand near[by] the door.
4. **Mae o'n tynnu llun o'i hun.**
   He takes a picture of himself.
5. **Mae pump deg o bobl wedi'i hoffi.**
   Fifty people have liked it.

45. Y LLYTHYR

1. **Heibio i beth mae Sioned yn cerdded?**
   Past what is Sioned walking?
2. **Beth sy' yn y llyfr mae Sioned yn darllen?**
   What's in the book Sioned's reading?
3. **Pa un o'r ferched sy'n "ddoniol dros ben"?**
   Which one of the girls is "really funny"?
4. **Beth ddigwyddodd i Dafydd?**
   What happened to Dafydd?
5. **Pwy oedd y ddynes?**
   Who was the woman?

ATEBION

1. **Mae hi'n cerdded heibio i'r llyfrgell.**
   She's walking past the library.
2. **Mae llythyr yn y llyfr.**
   There's a letter in the book.
3. **Seren sy'n "ddoniol iawn."**
   [It's] Seren [who] is "really funny."
4. **Bu farw Dafydd.**
   Dafydd passed away.
5. **Lisa, gwraig Dafydd, oedd y ddynes.**
   Lisa, Dafydd's wife, was the woman.

46. RHY GYFLYM

1. **Beth mae'r ddwy'n ei wneud yn y parc?**
   What are the two doing in the park?
2. **Pam na redith Megan yn gyflym?**
   Why won't Megan run quickly?
3. **Pa mor bell maen nhw o adref?**
   How far at they from home?
4. **Pam maen nhw'n mynd i'r ysbyty?**
   Why do they go to the hospital?
5. **Beth ydy cyngor y meddyg?**
   What's the advice of the doctor?

ATEBION

1. **Maen nhw wrthi'n rhedeg yn y parc.**
   They're [currently] running in the park.
2. **Mae hi eisiau diod ac mae hi'n mewn poen.**
   She wants a drink and she's in pain.
3. **Maen nhw milltir o adref.**
   They're a mile from home.
4. **Achos mae Megan yn syrthio.**
   Because Megan falls.
5. **Bod Megan ddim yn rhedeg gyda Ffion.**
   That Megan doesn't run with Ffion.

47. MAE GEN I FLEWYN GWYN!

1. **Ble maen nhw'n mynd heno?**
   Where are they going tonight?
2. **Beth mae Angharad yn dod o hyd iddo?**
   What does Angharad find?
3. **Beth mae hi'n penderfynu gwneud?**
   What does she decide to do?
4. **Am faint bydd y pâr yn caru'i gilydd?**
   For how long will the pair love each other?
5. **Sut bydd Steffan yn edrych heb wallt?**
   How will Stephen look without [any] hair?

ATEBION

1. **Maen nhw'n mynd allan am y noson.**
   They're going out for the night.
2. **Mae hi'n dod o hyd i flewyn gwyn.**
   She finds a white hair.
3. **Mae hi'n penderfynu lliwio'i gwallt.**
   She decides to colour/dye her hair.
4. **Am byth [bythoedd].**
   Forever [and ever].
5. **Yn ôl Angharad, bydd o'n edrych yn "ciwt."**
   According to Angharad, he'll look "cute."

48. FFROG BINC

1. **Am beth mae mam Anwen yn chwilio?**
   For what is Anwen's mother searching?
2. **Pwy sy'n priodi?**
   Who's getting married?
3. **Beth ydy'r broblem gyda'r ffrog gyntaf?**
   What's wrong with the first dress?
4. **Pam basai Anwen yn edrych fel aderyn?**
   Why would Anwen look like a bird?
5. **Beth mae mam Anwen yn feddwl o'r siwt?**
   What does Anwen's mother think of the suit?

ATEBION

1. **Mae hi'n chwilio am ffrog binc i Anwen.**
   She's searching for a pink dress for Anwen.
2. **Anti Elsi sy'n priodi.**
   [It's] Auntie Elsi [who] is getting married
3. **Mae hi'n rhy fyr.**
   It's too short.
4. **Achos mae plu ar yr ail ffrog.**
   Because there's feathers on the second dress.
5. **Mae hi'n meddwl bod hi'n "hyfryd."**
   She thinks that it's "lovely."

49. Y LIFFT

1. **Beth sy'n gwneud sŵn rhyfedd?**
   What makes a strange sound?
2. **Yn ôl Ffion, ar fin gwneud beth mae'r lifft?**
   According to Ffion, the lift's about to do what?
3. **Pam maen nhw'n poeni?**
   Why are they worrying?
4. **Pa iaith mae Ffion eisiau dysgu?**
   Which language does Ffion want to learn?
5. **Beth wneith Megan a Ffion heno?**
   What will Megan and Ffion do tonight?

ATEBION

1. **Y lifft sy'n gwneud sŵn rhyfedd.**
   [It's] the lift [that] makes a strange sound.
2. **Yn ei hôl, mae'r lifft ar fin syrthio.**
   According to her, the lift's about to fall.
3. **Achos dydyn nhw ddim eisiau marw.**
   Because they don't want to die.
4. **Mae Ffion eisiau dysgu'r Ffrangeg.**
   Ffion wants to learn [the] French [language].
5. **Wneith Megan a Ffion wylio'r teledu.**
   Megan and Ffion will watch the television.

50. PRIODAS FY NGHEFNDER

1. **Pa lestri sy’n aur?**
   Which utensils are gold?
2. **Yn ôl Alys, faint costiodd y briodas?**
   According to Alys, the wedding cost how much?
3. **Beth ydy swydd y briodferch?**
   What is the bride’s job?
4. **Sut mae Megan yn disgrifio Hari?**
   How does Megan describe Hari?
5. **Pam mae Alys eisiau aros?**
   Why does Alys want to stay?

ATEBION

1. **Mae’r ffyrc yn aur.**
   The forks are gold.
2. **Mae’r briodas wedi costio “lot.”**
   The wedding has cost “a lot.”
3. **Mae’r briodferch yn feddyg.**
   The bride is a doctor.
4. **Mae hi’n dweud fod o’n “ddiog.”**
   She says that he’s “lazy.”
5. **Achos mae’r pwdin ar fin dod allan.**
   Because the pudding’s about to come out.

Doctor Cymraeg

Gorau Dysgu Cyd Ddysgu

Dilynwch y Doctor
Cymraeg ar Drydar

Follow the Doctor
Cymraeg on Twitter

@CymraegDoctor

OTHER BOOKS BY STEPHEN OWEN RULE

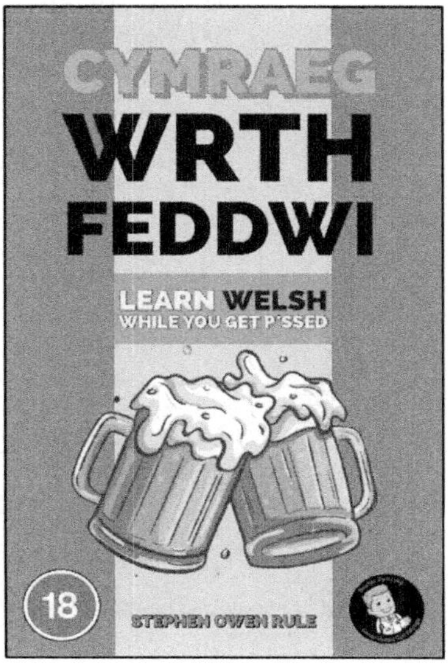

WELSH WHILE YOU GET P*SSED

ISBN: 9798353362296

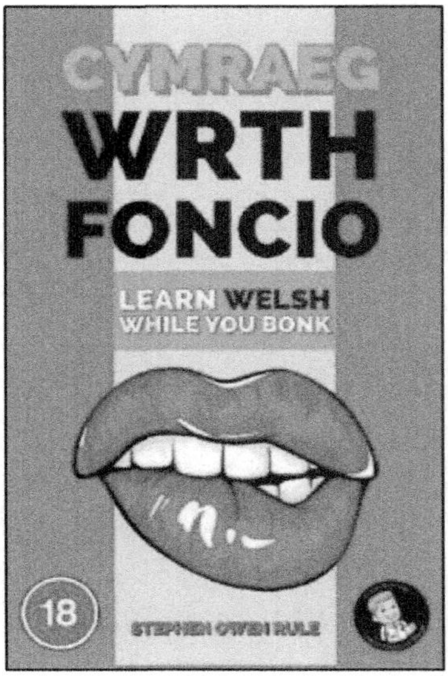

WELSH WHILE YOU BONK

ISBN: 9798422469628

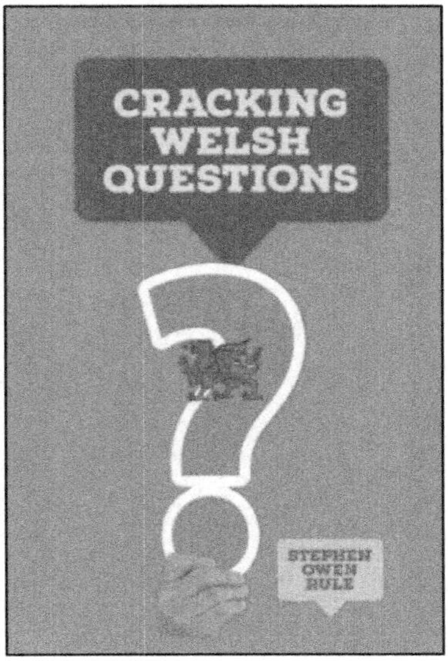

CRACKING WELSH QUESTIONS

ISBN: 9798774777815

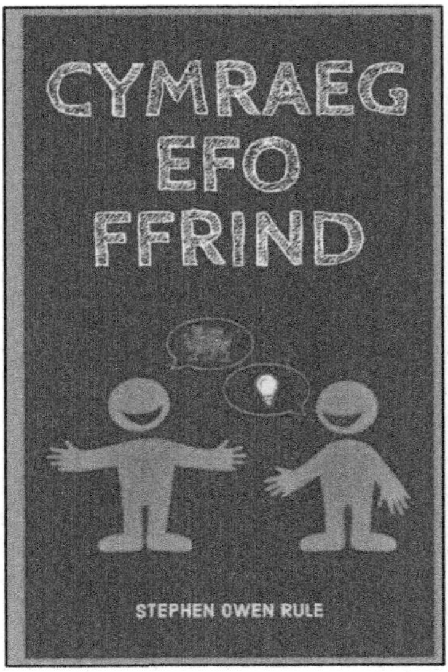

WELSH WITH A FRIEND

ISBN: 9798531490421

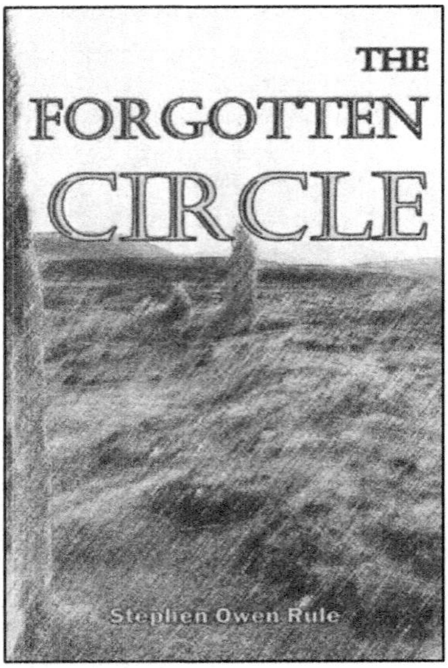

THE FORGOTTEN CIRCLE
ISBN: 979804158080

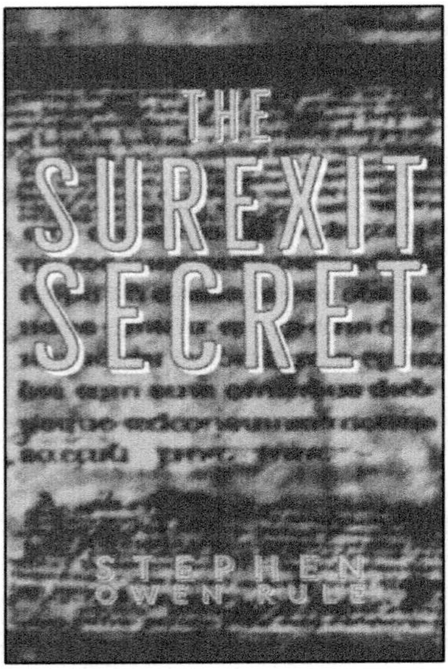

THE SUREXIT SECRET
ISBN: 9798711837435

SAVING CAERWYDDNO
ISBN: 9798717273046

GOP
ISBN: *Coming soon*

WELSH AND I

ISBN: 9798669438609

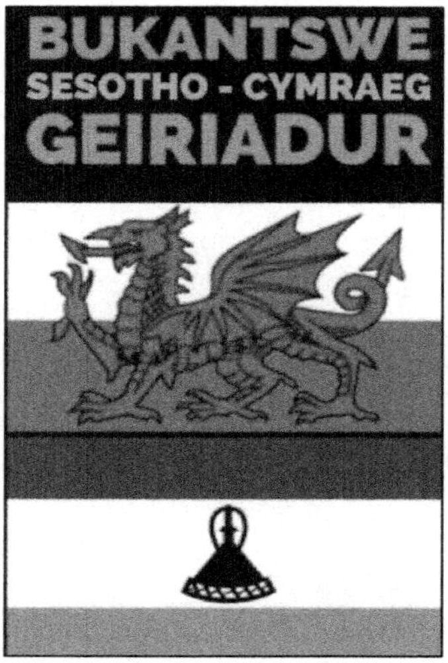

GEIRIADUR CYMRAEG-SESOTHO

ISBN: 9798717163989

CELTIC QUICK-FIX

ISBN: 9798585857645

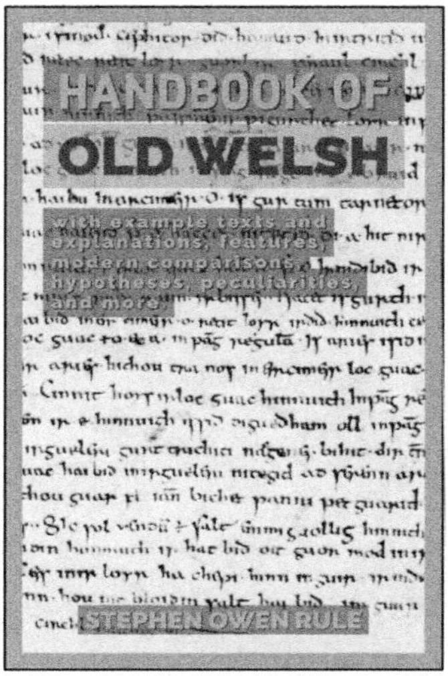

HANDBOOK OF OLD WELSH

ISBN: 9798444225370

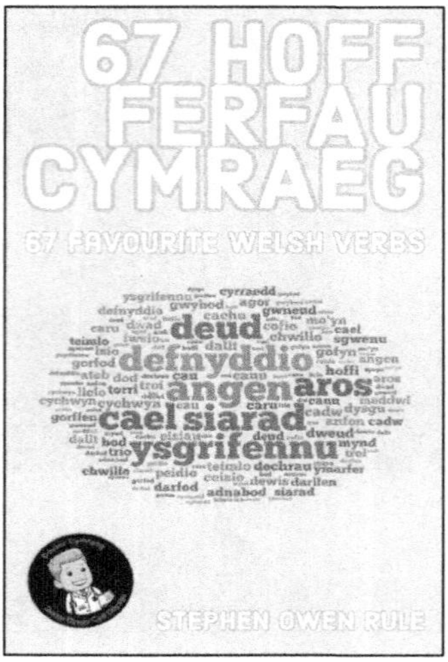

67 FAVOURITE WELSH VERBS
ISBN: *Coming soon*

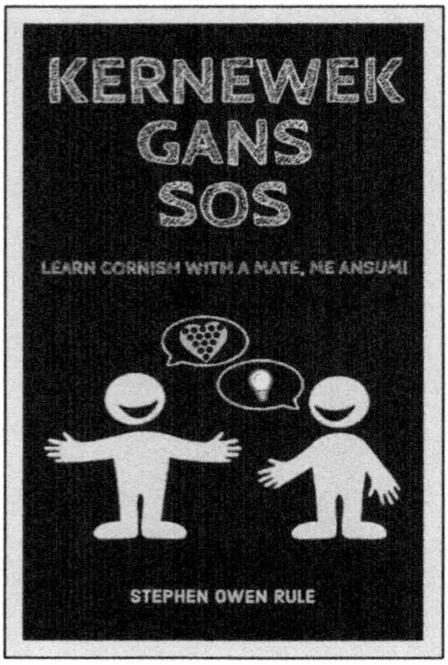

CORNISH WITH A FRIEND
ISBN: 9798354658381

PARSNIPS AND OWLS
ISBN: 9798833259184

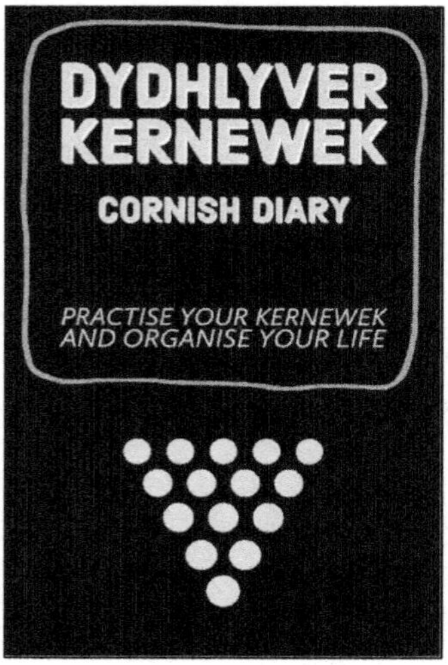

CORNISH DIARY
ISBN: 9798544697275

Printed in Great Britain
by Amazon

11599012R00098